5e-4e

Les fichiers Vuibert

latin

Tout le programme en fiches pratiques

Céline Devaux et Alexandra Pulliat,
Professeurs de lettres et latin au collège Émile Littré à Douchy-les-Mines (Nord)

vuibert

ISBN 2-7117-3651-2, © Éditions Vuibert, 2000.

Comment utiliser ce fichier

Le **sommaire,** page 4, te donne la liste des fiches, classées par niveaux et par thèmes. Consulte-le pour retrouver la fiche qui répond à ta question.

Tu trouveras ensuite les **fiches,** regroupées dans la partie grammaire et dans la partie civilisation.

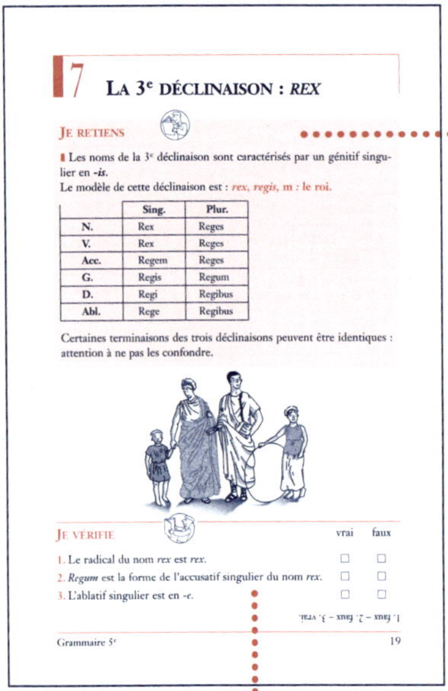

7 La 3e déclinaison : *rex*

Je retiens

Les noms de la 3e déclinaison sont caractérisés par un génitif singulier en ***-is***.
Le modèle de cette déclinaison est : *rex, regis,* m : le roi.

	Sing.	Plur.
N.	Rex	Reges
V.	Rex	Reges
Acc.	Regem	Reges
G.	Regis	Regum
D.	Regi	Regibus
Abl.	Rege	Regibus

Certaines terminaisons des trois déclinaisons peuvent être identiques : attention à ne pas les confondre.

Je vérifie — vrai / faux

1. Le radical du nom *rex* est *rex*. ☐ ☐
2. *Regum* est la forme de l'accusatif singulier du nom *rex*. ☐ ☐
3. L'ablatif singulier est en *-e*. ☐ ☐

1. faux – 2. faux – 3. vrai.

Grammaire 5e — 19

POUR REVOIR L'ESSENTIEL

POUR VÉRIFIER QU'ON A COMPRIS

EXERCICES

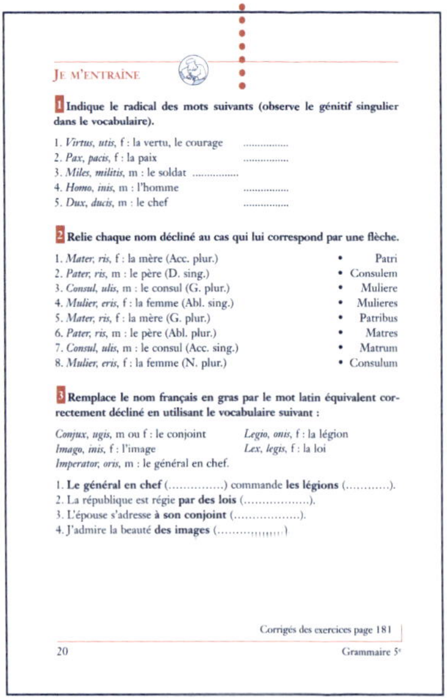

Je m'entraîne

1 Indique le radical des mots suivants (observe le génitif singulier dans le vocabulaire).

1. *Virtus, utis,* f : la vertu, le courage ....
2. *Pax, pacis,* f : la paix ....
3. *Miles, militis,* m : le soldat ....
4. *Homo, inis,* m : l'homme ....
5. *Dux, ducis,* m : le chef ....

2 Relie chaque nom décliné au cas qui lui correspond par une flèche.

1. *Mater, ris,* f : la mère (Acc. plur.)	• Patri
2. *Pater, ris,* m : le père (D. sing.)	• Consulem
3. *Consul, ulis,* m : le consul (G. plur.)	• Muliere
4. *Mulier, eris,* f : la femme (Abl. sing.)	• Mulieres
5. *Mater, ris,* f : la mère (G. plur.)	• Patribus
6. *Pater, ris,* m : le père (Abl. plur.)	• Matres
7. *Consul, ulis,* m : le consul (Acc. sing.)	• Matrum
8. *Mulier, eris,* f : la femme (N. plur.)	• Consulum

3 Remplace le nom français en gras par le mot latin équivalent correctement décliné en utilisant le vocabulaire suivant :

Conjux, ugis, m ou f : le conjoint — *Legio, onis,* f : la légion
Imago, inis, f : l'image — *Lex, legis,* f : la loi
Imperator, oris, m : le général en chef.

1. **Le général en chef** (................) commande **les légions** (............).
2. La république est régie **par des lois** (..................).
3. L'épouse s'adresse **à son conjoint** (..................).
4. J'admire la beauté **des images** (..................)

Corrigés des exercices page 181

20 — Grammaire 5e

Illustrations : Rony Turlet (couverture)
Hèlène Fuggetta (illustrations intérieures)

Les **corrigés** des **exercices des fiches** sont à la fin du livre, sur les pages rouges. Si tu as fait des erreurs, gomme tes réponses et recopie les résultats exacts.

CORRIGÉS

Sa maîtresse elle-même aussi bien qu'une jeune fille connaît sa mère.
Mais que le mal soit sur vous, sombres ténèbres,
Qui dévorez toutes les belles choses ;
Vous m'avez pris un si beau moineau. »

Fiche 36

Exercice 1 : 1. Haec (Cette maison dans laquelle nous vivons est grande). – 2. Hunc ; illum (Tu lis ce livre-ci, tu as déjà lu celui-là). – 3. Hi ; isti (Ceux-ci travaillent toujours, ceux-là jamais).

Exercice 2 : *Ei* : datif masculin singulier ; *illud* : accusatif neutre singulier ; *ejus* : génitif masculin singulier ; *hunc* : accusatif masculin singulier ; *hic* : nominatif masculin singulier ; *illi* : nominatif masculin pluriel ; *id* : accusatif neutre singulier.

Exercice 3 : 1. nulla raeda / in raeda ; sine uxore / cum uxore. – 2. Milon est désigné dans la plaidoirie de Cicéron par les démonstratifs : *hic*, *hunc*. Milon est en effet proche de Cicéron.

Fiche 37

Exercice 1 1. (dans l'ordre du texte) : quae « alces » appellantur – qui uri appellantur – quam conspexerunt – qui plurimos ex his iter fecerunt. – 2. Le relatif est employé sans antécédent. – 3. Le relatif est employé sans antécédent.

Exercice 2 : 1.

Pronom relatif	Antécédent	Fonction
Qui	Cethegus	Sujet de « respondisset »
Quae	Gladiis et sicis	Sujet de « deprensae erant »
Qui	Avi tui	Sujet de « amavit »
Quae	Imago	Sujet de « debuit »

2. Le 2e *quae* est un relatif de liaison.

Fiche 38

Exercice 1 :

1re conjugaison	Nego, as, are Certo, as, are
2e conjugaison	Prohibeo, es, ere Valeo, es, ere
3e conjugaison	Cedo, is, ere Curro, is, ere Perdo, is, ere
3e conj. mixte	*Pas de verbe*
4e conjugaison	Pervenio, is, ire

Exercice 2 : 1. Dans les banquets il chante et fait des vers (présent d'habitude). – 2. Qui aime bien châtie (présent de vérité générale). – 3. Il fait route à travers la Gaule (action qui se déroule au moment où l'on parle). – 4. C'était la guerre ; les soldats combattent courageusement (présent de narration).

Exercice 3 : (dans l'ordre du texte) vertit ; findit ; elicit ; tenet ; devocat ; jubet.

Fiche 39

Exercice 1 : 1. Audiebant (ils entendaient) – 2. Legebas (tu lisais) – 3. Amabamus (nous aimions). – 4. Scribebat (il écrivait) – 5. Videbatis (vous voyiez) – 6. Faciebam (je faisais).

Exercice 2 : 1. Pater filios suos amabat quibus saepe praemia dabat. – 2. Pueri enim fortiter in agris laborabant.

Exercice 3 (dans l'ordre du texte) descendait, cachait, enveloppait, dissimulait, nous entendions, cherchaient, reconnaissaient, il y en avait.

188

Adjectifs qualitatifs de la 2e classe

	Vetus, eris : vieux			
	M. / F.	M. / F.	Neutre	Neutre
	Singulier	*Pluriel*	*Singulier*	*Pluriel*
N.	Vetus	Veteres	Vetus	Vetera
V.	Vetus	Veteres	Vetus	Vetera
Acc.	Veterem	Veteres	Vetus	Vetera
G.	Veteris	Veterum	Veteris	Veterum
D.	Veteri	Veteribus	Veteri	Veteribus
Abl.	Vetere	Veteribus	Vetere	Veteribus

	Omnis, e : tout, chaque			
	M. / F.	M. / F.	Neutre	Neutre
	Singulier	*Pluriel*	*Singulier*	*Pluriel*
N.	Omnis	Omnes	Omne	Omnia
V.	Omnis	Omnes	Omne	Omnia
Acc.	Omnem	Omnes	Omne	Omnia
G.	Omnis	Omnium	Omnis	Omnium
D.	Omni	Omnibus	Omni	Omnibus
Abl.	Omni	Omnibus	Omni	Omnibus

	Ingens, ingentis : énorme, immense			
	M. / F.	M. / F.	Neutre	Neutre
	Singulier	*Pluriel*	*Singulier*	*Pluriel*
N.	Ingens	Igentes	Ingens	Ingentia
V.	Ingens	Ingentes	Ingens	Ingentia
Acc.	Ingentem	Ingentes	Ingens	Ingentia
G.	Ingentis	Ingentium	Ingentis	Ingentium
D.	Ingenti	Ingentibus	Ingenti	Ingentibus
Abl.	Ingenti/ingente	Ingentibus	Ingenti	Ingentibus

200 Grammaire 5e-4e

Les **tableaux des déclinaisons** et des **conjugaisons** dont tu as besoin pour les exercices sont en fin d'ouvrage.

Sommaire

PARTIE GRAMMAIRE

Niveau 5e

Niveau 4e

PARTIE CIVILISATION

Niveau 5e

Niveau 4e

1 La prononciation de la langue latine (1) : les voyelles

Je retiens

Le latin s'écrit avec 23 lettres, sans utiliser d'autres signes comme les accents :
A B C D E F G H I K L M N O P Q R S T V X Y Z
Dans les mots latins, **toutes les lettres se prononcent**, y compris la lettre finale.
La lettre Y se trouve dans des mots d'origine grecque et se prononce « u » en français.

Voici le tableau de la prononciation des voyelles.
Il convient de prononcer la lettre latine en caractères gras de la même manière que la lettre française en caractères gras également.

Lettre	Prononciation en français	Prononciation en latin
I	P**i**re	R**i**pa
E	**É**t**é**- p**e**rdre	T**e**n**e**o-**e**rgo
A	P**a**p**a**	Rip**a**
O	P**o**tage-p**o**t	M**o**ne**o**-Tene**o**
U	P**ou**r	Pop**u**l**u**s

Il existe des voyelles brèves non accentuées et des voyelles longues accentuées, ce qui en change la prononciation à l'oral ; par exemple, pâte et patte.
Il existe aussi des **diphtongues**, c'est-à-dire deux voyelles qui se prononcent distinctement dans un même son :

Diphtongues	Exemples
AE	Ri/pae
OE	Proe/lium
AU	Au/gus/tus
EU	Eu/ro/pa

Je vérifie

	vrai	faux
1. L'alphabet latin comprend 26 lettres.	☐	☒
2. La diphtongue *eu* se prononce comme dans « **leur** ».	☐	☒

1. faux – 2. faux.

Je m'entraîne

1 Mets un trait entre les syllabes des mots suivants.

1. statua ; 2. moenia ; 3. causa ; 4. saepe ; 5. filius ; 6. ancillae ; 7. acies ; 8. legentem.

2 Lis à haute voix le texte suivant de Jules César, extrait de *La Guerre des Gaules*.

Gallia est omnis in partes tres divisa, quarum unam incolunt Belgae, aliam Aquitani, tertiam qui ipsorum lingua Celtae, nostra Galli appellantur. Hi omnes lingua, institutis, legibus inter se differunt. Gallos ab Aquitanis Garumna flumen, a Belgis Matrona et Sequana dividit.

Corrigés des exercices page 180

2 La prononciation de la langue latine (2) : les consonnes

Je retiens

Voici le tableau de la prononciation des consonnes.

Il convient de prononcer la lettre latine en caractères gras de la même manière que la lettre française en caractères gras également.

Lettre	Prononciation en français	Prononciation en latin
B	**B**é**b**é	**B**onus
C	**C**ou	**C**ena
D	**D**ent	**D**ominus
F	**F**ront	**F**orum
G	**G**orge	A**g**o
GU	**Gou**ache	Lin**gu**a
H	**H**eure	**H**ora
J	**I**ode	**J**acio
K	**K**iwi	**K**alendae
L	**L**ampe	**L**iber
M	**M**a**m**an	**M**anus
N	**N**avire	**N**avis
P	**P**a**p**a	**P**ater
QU	**Qu**oi	**Qu**i
R	**R**ampe	**R**ana
S	**S**oleil	**S**ocius
T	**T**able	**T**abula
V	**W**att	**V**alidus
X	E**x**traordinaire	Di**x**i
Z	**Z**oo	**Z**ona

Dans certains mots d'origine grecque, on trouve les groupes de lettres suivants qui se prononcent de la manière indiquée :

– *ch* (prononcé comme -k-) : **ch**orus ;
– *th* (prononcé comme -t-) : **th**eatrum ;
– *ph* (prononcé comme -f-) : **ph**iltrum.

JE VÉRIFIE

	vrai	faux
1. La consonne latine *c* peut se prononcer, comme en français, de deux façons différentes.	☐	☒
2. On prononce le *s* latin comme dans le mot français « souvent ».	☒	☐

1. faux – 2. vrai.

JE M'ENTRAÎNE

Parmi ces mots latins, quels sont ceux que l'on retrouve tels quels dans notre langue française ?

consensus – animus – memento – lapsus – rosa – dux – uxor – in vitro – alibi – agenda.

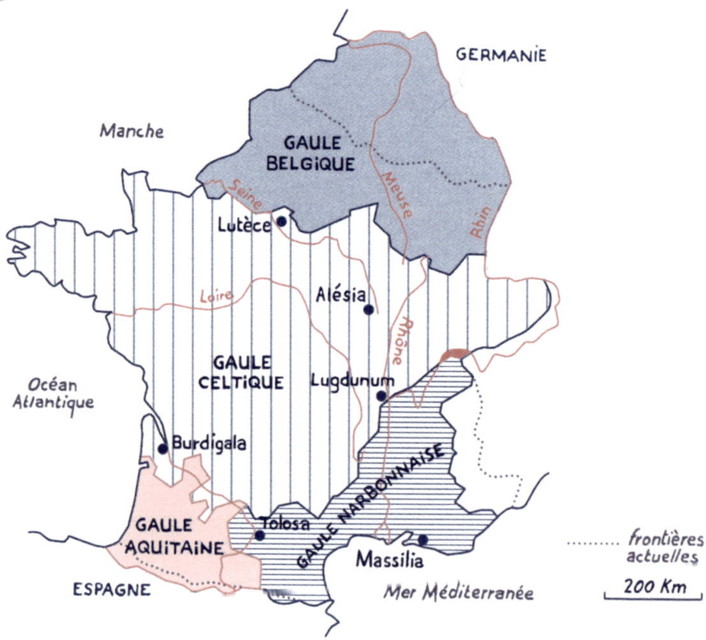

Corrigés des exercices page 180

3 LA LANGUE LATINE ET LA DÉCLINAISON

JE RETIENS

- La langue latine a ses propres caractéristiques grammaticales.

– Il n'y a pas d'articles devant les noms (latin : *populus* / français : le peuple), ni de pronoms personnels sujets devant les verbes (*amo* : [j']aime).

– Elle repose sur un système de cinq déclinaisons.

- Les noms, les adjectifs et les pronoms varient en genre et en nombre, mais aussi en cas. Ils changent de terminaison selon la fonction qu'ils occupent dans la phrase.

Une déclinaison comporte six cas qui correspondent aux fonctions différentes que le mot peut avoir dans la phrase.

Noms des cas	Fonctions principales	Exemples
Nominatif	Sujet, attribut du sujet	La vie est belle.
Vocatif	Apostrophe	Jacques, viens ici !
Accusatif	Complément d'objet direct	Je vois la forêt.
Génitif	Complément du nom	La fuite du temps.
Datif	COI, COS	Je donne un livre à mon frère.
Ablatif	Complément circonstanciel	Il travaille avec joie.

- **Remarques :**

– un nom en apposition se met au même cas que le nom auquel il est apposé ;

– certains compléments circonstanciels peuvent se mettre à l'accusatif ou à l'ablatif, précédés d'une préposition.

JE VÉRIFIE

	vrai	faux
1. La déclinaison latine comporte quatre cas.	☐	☐
2. Le verbe est toujours précédé d'un pronom personnel sujet.	☐	☐
3. Je traduis le génitif par un complément du nom.	☐	☐

1. faux– 2. faux – 3. vrai.

JE M'ENTRAÎNE

1 Indique la fonction en français des mots soulignés.

1. Le jardin de mon père (……………) est fleuri (……………).
2. Les enfants (……………) jouent avec leur ballon (……………).
3. Il raconte son voyage (……………) à ses amis (……………).
4. Les esclaves travaillent chaque jour (……………) pour leur maître (……………).
5. L'enfant qui (……………) s'avance est mon fils.
6. À qui (……………) parles-tu ?
7. Il (……………) lui (……………) demande de ses nouvelles.
8. Quel livre veux-tu ? Je veux celui-ci (……………).

2 Relie chaque groupe souligné au cas par lequel il faudrait le traduire en latin.

1. Mes enfants, soyez sages !	•	• nominatif
2. Le marchand va à Rome.	•	• datif
3. La jeune fille semble triste.	•	• accusatif
4. Le maître appelle ses esclaves.	•	• vocatif
5. L'élève s'intéresse à ses leçons.	•	• génitif
6. Les livres du maître sont toujours intéressants.	•	• ablatif

Corrigés des exercices page 180

4 La première déclinaison : *VITA*

Je retiens

▮ Les noms de la 1re déclinaison sont caractérisés par leur génitif singulier en ***ae***.
Dans les lexiques ou les dictionnaires, les noms sont présentés de la manière suivante :
« ***Vita, ae, f* : la vie** » se lit : « *vita, vitae*, féminin : la vie ».
On indique successivement le nominatif singulier *(vita)*, le génitif singulier *(vitae)*, le genre (féminin) et la traduction (la vie).
En enlevant la terminaison du génitif singulier, on peut trouver le radical du nom.
En identifiant la terminaison du génitif singulier, on peut reconnaître à quelle déclinaison appartient un nom.

▮ Le modèle de la 1re déclinaison est : ***vita, ae,* f : la vie**

Cas	Abréviation des cas	Singulier (sing.)	Pluriel (plur.)
Nominatif	N.	Vita	Vitae
Vocatif	V.	Vita	Vitae
Accusatif	Acc.	Vitam	Vitas
Génitif	G.	Vitae	Vitarum
Datif	D.	Vitae	Vitis
Ablatif	Abl.	Vita	Vitis

Je vérifie

	vrai	faux
1. Je peux reconnaître la déclinaison d'un nom en observant son génitif singulier.	☐	☐
2. Dans le lexique, on indique toujours le nominatif et l'accusatif d'un nom.	☐	☐
3. Les terminaisons du nominatif et du vocatif sont identiques.	☐	☐

1. vrai – 2. faux – 3. vrai.

1 Dans cette liste, souligne les noms qui se déclinent sur le modèle de *vita, ae,* f.

1. *Terra, terrae,* f : la terre
2. *Arma, armorum,* n : les armes
3. *Aqua, aquae,* f : l'eau
4. *Patria, patriae,* f : la patrie
5. *Milia, milium,* n : des milliers
6. *Causa, causae,* f : la cause
7. *Castra, castrorum,* n : le camp militaire
8. *Via, viae,* f : la route
9. *Gloria, gloriae,* f : la gloire
10. *Poema, poematis,* n : le poème
11. *Poeta, poetae,* m : le poète
12. *Poena, poenae,* f : la peine, le châtiment

2 Mets les noms suivants à la forme demandée.

1. *puella, ae,* f : la jeune fille (Acc. plur.) : ....
2. *ancilla, ae,* f : la servante (G. plur.) : ....
3. *cena, ae,* f : le repas (D. sing.) : ....
4. *terra, ae,* f : la terre (Abl. sing.) : ....
5. *gloria, ae,* f : la gloire (D. plur.) : ....
6. *ara, ae,* f : l'autel (N. plur.) : ....
7. *patria, ae,* f : la patrie (V. sing.) : ....
8. *victoria, ae,* f : la victoire (Abl. plur.) : ....
9. *villa, ae,* f : la ferme (Acc. sing.) : ....

3 En utilisant les noms de la 1re déclinaison des exercices 1 et 2, ainsi que le lexique donné dans cet exercice, traduis les mots soulignés dans les phrases suivantes. Attention à bien respecter les cas.

1. La servante (...............) prépare le repas (...............).
2. Les jeunes filles (...............) se promènent sur la route (...............).
3. La proie (...............) a été capturée à la fin du combat (...............).
4. La fuite (............) de la fille (............) attriste la famille (............).

Lexique : *praeda, ae,* f : la proie ; *pugna, ae,* f : le combat ; *fuga, ae,* f : la fuite ; *filia, ae,* f : la fille ; *familia, ae,* f : la famille.

Corrigés des exercices page 180

5 LA 2e DÉCLINAISON : *DOMINUS, PUER, AGER*

JE RETIENS

- Les noms de la 2e déclinaison sont caractérisés par leur génitif singulier en ***i***.

- Le modèle des noms de la 2e déclinaison est : ***dominus, i,* m : le maître.**
Certains noms de la 2e déclinaison ont un nominatif et un vocatif singuliers en ***er***. Pour décliner ces noms, il faut déterminer leur radical, à l'aide du génitif singulier :
Ex. : *ager, agri*, m ; le champ a pour radical *agr-*.

	sing.	plur.	sing.	plur.	sing.	plur.
N.	Dominus	Domini	Puer	Pueri	Ager	Agri
V.	Domine	Domini	Puer	Pueri	Ager	Agri
Acc.	Dominum	Dominos	Puerum	Pueros	Agrum	Agros
G.	Domini	Dominorum	Pueri	Puerorum	Agri	Agrorum
D.	Domino	Dominis	Puero	Pueris	Agro	Agris
Abl.	Domino	Dominis	Puero	Pueris	Agro	Agris

Dominus est le seul modèle de déclinaison à avoir un vocatif singulier différent du nominatif : ***domine***.
Le nom ***filius*** a un vocatif singulier irrégulier :
« *Tu quoque mi **fili*** » (César) : « Toi aussi mon fils »

- **Attention !** Un seul nom a un nominatif et un vocatif singuliers en ***-ir*** : *vir, viri*, m (l'homme).

JE VÉRIFIE

	vrai	faux
1. Le génitif singulier des noms de la 2e déclinaison est en *-o*.	☐	☐
2. *Puer, pueri*, m : l'enfant, a pour radical *puer-*.	☐	☐

1. faux – 2. vrai

JE M'ENTRAÎNE

1 Dans cette liste, souligne les noms qui se déclinent sur le modèle de *dominus, i*, m : le maître.

1. *Animus, animi*, m : l'esprit, le cœur, le courage
2. *Locus, loci*, m : le lieu
3. *Deus, dei*, m : le dieu
4. *Annus, anni*, m : l'année
5. *Impetus, impetus*, m : l'assaut
6. *Modus, modi*, m : la manière
7. *Populus, populi*, m : le peuple
8. *Hortus, i*, m : le jardin
9. *Metus, metus*, m : la crainte
10. *Filius, filii*, m : le fils
11. *Equus, equi*, m : le cheval
12. *Manus, manus*, f : la main
13. *Legatus, legati*, m : l'ambassadeur
14. *Servus, i*, m : l'esclave
15. *Corpus, corporis*, n : le corps

2 Mets les noms suivants à la forme demandée.

1. *Filius, i*, m : le fils (D. plur.) : ....
2. *Populus, i*, m : le peuple (G. plur.) : ....
3. *Amicus, i*, m : l'ami (V. sing.) : ....
4. *Modus, i*, m : la manière (Abl. sing.) : ....
5. *Equus, i*, m : le cheval (Acc. sing.) : ....
6. *Socius, i*, m : l'associé (G. sing.) : ....
7. *Avus, i*, m : l'oiseau (N. plur.) : ....
8. *Campus, i*, m : le champ (Acc. plur.) : ....

3 En utilisant les noms de la 2e déclinaison des exercices 1 et 2, traduis les mots soulignés dans les phrases suivantes. Attention à bien respecter les cas.

1. Les hommes (...............) honorent les dieux (...............).
2. Le fils (...............) du maître (...............) écrit à ses amis (...............).
3. Les soldats combattent avec courage (...............).
4. Nous sommes heureux de vivre dans ces lieux (...............).

Corrigés des exercices page 180

6 LA 2e DÉCLINAISON : *BELLUM*

JE RETIENS

▮ ***Bellum, i,* n** : la guerre, est le modèle des noms neutres de la 2e déclinaison.
C'est le 3e genre en latin ; il n'existe pas en français.
Les noms neutres de la 2e déclinaison sont aussi caractérisés par un génitif singulier en *-i*.

	Sing.	**Plur.**
N.	Bellum	Bella
V.	Bellum	Bella
Acc.	Bellum	Bella
G.	Belli	Bellorum
D.	Bello	Bellis
Abl.	Bello	Bellis

Pour les noms neutres de toutes les déclinaisons, le nominatif, le vocatif et l'accusatif sont identiques.

JE VÉRIFIE

	vrai	faux
1. Les noms neutres de la 2e déclinaison ont un vocatif singulier en *-e*.	☐	☐
2. Il existe trois genres en latin.	☐	☐

1. faux – 2. vrai.

JE M'ENTRAÎNE

1 Complète le tableau suivant.

	Sing.	Plur.	Sing.	Plur.	Sing.	Plur.
N.		Undae			Imperium	
V.			Loce			
Acc.						
G.				Locorum		
D.						Imperiis
Abl.	Unda					

2 Mets les noms suivants à la forme demandée.

1. *Periculum*, *i*, n : le danger (Abl. sing.) : ....
2. *Arma*, *orum*, n plur. : les armes (Acc. plur.) : ....
3. *Verbum*, *i*, n : le mot, la parole (D. sing.) : ....
4. *Ingenium*, *ii*, n : le talent, l'intelligence (G. plur.) : ....
5. *Templum*, *i*, n : le temple (Acc. sing.) : ....
6. *Caelum*, *i*, n : le ciel (G. sing.) : ....
7. *Signum*, *i*, n : le signe (N. plur.) : ....

3 Complète les terminaisons des mots latins dans les phrases suivantes.

1. Les ennemis prennent **les places fortes** (*oppidum*, *i*, n : la place forte) : **oppid**...............
2. L'étranger visite **le forum** (*forum*, *i*, n : le forum) : **for** ....
3. La fin **du combat** approche (*proelium*, *ii*, n : le combat) : **proeli**...............
4. **Les camps militaires** sont levés (*castra*, *orum*, n plur. : le camp) : **castr**...............
5. Il est remarquable **par ses défauts** (*vitium*, *ii*, n : le défaut) : **viti**...............

Corrigés des exercices page 181

7 La 3e déclinaison : *REX*

Je retiens

Les noms de la 3e déclinaison sont caractérisés par un génitif singulier en ***-is***.
Le modèle de cette déclinaison est : ***rex, regis,* m : le roi.**

	Sing.	**Plur.**
N.	Rex	Reges
V.	Rex	Reges
Acc.	Regem	Reges
G.	Regis	Regum
D.	Regi	Regibus
Abl.	Rege	Regibus

Certaines terminaisons des trois déclinaisons peuvent être identiques : attention à ne pas les confondre.

Je vérifie

	vrai	faux
1. Le radical du nom *rex* est *rex*.	☐	☐
2. *Regum* est la forme de l'accusatif singulier du nom *rex*.	☐	☐
3. L'ablatif singulier est en *-e*.	☐	☐

1. faux – 2. faux – 3. vrai.

JE M'ENTRAÎNE

1 Indique le radical des mots suivants (observe le génitif singulier dans le vocabulaire).

1. *Virtus, utis*, f : la vertu, le courage ....
2. *Pax, pacis*, f : la paix ....
3. *Miles, militis*, m : le soldat ....
4. *Homo, inis*, m : l'homme ....
5. *Dux, ducis*, m : le chef ....

2 Relie chaque nom décliné au cas qui lui correspond par une flèche.

1. *Mater, ris*, f : la mère (Acc. plur.)	• Patri
2. *Pater, ris*, m : le père (D. sing.)	• Consulem
3. *Consul, ulis*, m : le consul (G. plur.)	• Muliere
4. *Mulier, eris*, f : la femme (Abl. sing.)	• Mulieres
5. *Mater, ris*, f : la mère (G. plur.)	• Patribus
6. *Pater, ris*, m : le père (Abl. plur.)	• Matres
7. *Consul, ulis*, m : le consul (Acc. sing.)	• Matrum
8. *Mulier, eris*, f : la femme (N. plur.)	• Consulum

3 Remplace le nom français en gras par le mot latin équivalent correctement décliné en utilisant le vocabulaire suivant :

Conjux, ugis, m ou f : le conjoint
Imago, inis, f : l'image
Imperator, oris, m : le général en chef.
Legio, onis, f : la légion
Lex, legis, f : la loi

1. **Le général en chef** (...............) commande **les légions** (............).
2. La république est régie **par des lois** (..................).
3. L'épouse s'adresse **à son conjoint** (..................).
4. J'admire la beauté **des images** (..................).

Corrigés des exercices page 181

8 LE PRÉSENT DE L'INDICATIF

JE RETIENS

- Les verbes latins sont classés en **cinq catégories** en fonction de leur radical : certains ont un radical terminé par une voyelle, d'autres ont un radical terminé par une consonne et ont besoin, pour être conjugués, d'une voyelle de liaison.

Dans les lexiques ou les dictionnaires, les verbes sont présentés de la manière suivante :

« *Voco, as, are, avi, atum* : **appeler** » se lit :

« *Voco, vocas, vocare, vocavi, vocatum* : **appeler** ».

On indique successivement la 1re personne du singulier de l'indicatif présent *(voco)*, la 2e personne du singulier de l'indicatif présent *(vocas)*, l'infinitif présent *(vocare)*, la 1re personne du parfait *(vocavi)* et le supin *(vocatum)*.

Le présent de l'indicatif se forme en ajoutant au radical les **désinences** (terminaisons indiquant les personnes).

	1re conjugaison	**2e conjugaison**	**3e conjugaison**	**3e conjugaison**	**4e conjugaison**
Infinitif	vocare	habere	dicere	capere	audire
Radical	**voca-**	**habe-**	**dic-**	**cap-**	**audi-**
1re pers. sing.	Voco	Habeo	Dico	Cap-i-o	Audio
2e pers. sing.	Vocas	Habes	Dic-i-s	Cap-i-s	Audis
3e pers. sing.	Vocat	Habet	Dic-i-t	Cap-i-t	Audit
1re pers. plur.	Vocamus	Habemus	Dic-i-mus	Cap-i-mus	Audimus
2e pers. plur.	Vocatis	Habetis	Dic-i-tis	Cap-i-tis	Auditis
3e pers. plur.	Vocant	Habent	Dic-u-nt	Cap-i-u-nt	Audiunt

Je vérifie

	vrai	faux
1. Les verbes latins se répartissent en trois modèles de conjugaison.	☐	☐
2. La terminaison *-tis* caractérise la 2e personne du pluriel.	☐	☐

1. faux – 2. vrai.

Je m'entraîne

1 Conjugue les verbes suivants à la personne demandée du présent de l'indicatif.

1. Puto, as, are, avi, atum : penser — 2e pers. sing. : ....
2. Lego, is, ere, legi, lectum : lire — 3e pers. plur. : ....
3. Venio, is, ire, veni, ventum : venir — 2e pers. plur. : ....
4. Fugio, is, ere, fugi, fugitum : fuir — 3e pers. plur. : ....
5. Video, es, ere, vidi, visum : voir — 3^{e} pers. sing. : ....

2 Traduis en latin les formes verbales suivantes.

1. Credo, is, ere, credidi, creditum : croire – Ils croient : ....
2. Jubeo, es, ere, jussi, jussum : ordonner – Il ordonne : ....
3. Rapio, is, ere, rapui, raptum : arracher – Nous arrachons : ....
4. Do, das, dare, dedi, datum : donner – Vous donnez : ....
5. Mitto, is, ere, misi, missum : envoyer – Nous envoyons : ....

3 Traduis les phrases suivantes. (Tu remarqueras que dans une phrase latine le verbe se place habituellement à la fin, le sujet au début et les compléments avant le verbe.)

1. Le peuple loue le général en chef.
2. Le chef donne des armes aux soldats.
3. Pater gloriam amat.
4. Consul leges legit.

Corrigés des exercices page 181

9 L'IMPARFAIT DE L'INDICATIF

JE RETIENS

▪ L'imparfait latin se forme à l'aide du **suffixe** *-ba-* et des terminaisons que l'on ajoute au radical du verbe.

	1re conjugaison	**2e conjugaison**	**3e conjugaison**	**3e conjugaison**	**4e conjugaison**
1re pers. sing.	Vocabam	Habebam	Dicebam	Capiebam	Audiebam
2e pers. sing.	Vocabas	Habebas	Dicebas	Capiebas	Audiebas
3e pers. sing.	Vocabat	Habebat	Dicebat	Capiebat	Audiebat
1re pers. plur.	Vocabamus	Habebamus	Dicebamus	Capiebamus	Audiebamus
2e pers. plur.	Vocabatis	Habebatis	Dicebatis	Capiebatis	Audiebatis
3e pers. plur.	Vocabant	Habebant	Dicebant	Capiebant	Audiebant

JE VÉRIFIE

	vrai	faux
1. Le suffixe de l'imparfait est *-ba-*.	☐	☐
2. Les désinences sont les terminaisons qui indiquent les personnes du verbe.	☐	☐

1. vrai – 2. vrai.

JE M'ENTRAÎNE

1 Les verbes suivants sont conjugués au présent ; mets-les à l'imparfait en conservant la personne, puis traduis la forme obtenue.

1. Facis : ....
2. Venit : ....
3. Credimus : ....
4. Rapiunt : ....
5. Laudatis : ....
6. Teneo : ....

2 Complète le tableau suivant à l'imparfait.

	Ago, is, ere, egi, actum : **faire, mener**	***Cogito, as, are, avi, atum :*** **penser**	***Peto, is, ere, petivi, petitum :*** **demander**	***Pervenio, is, ire, veni, ventum :*** **parvenir**
1re pers. sing.	Agebam			
2e pers. sing.			Petebas	
3e pers. sing.		Cogitabat		
1re pers. plur.				
2e pers. plur.				
3e pers. plur.				Perveniebant

3 Traduis les phrases suivantes. (Tu remarqueras que les compléments du nom au génitif sont placés avant les noms auxquels ils se rapportent.)

1. Le consul envoyait des ambassadeurs.
2. La mère et[1] le père aimaient leurs[2] fils.
3. Regum hortos videbat.
4. Domini filia deos laudabat.

---

1. Et : se traduit par *et*.
2. Lorsque le possesseur est évident, on ne traduit pas l'adjectif possessif.

Corrigés des exercices page 181

10 LE PARFAIT DE L'INDICATIF

JE RETIENS

Le parfait est un temps du passé qui n'existe pas en français ; on le traduit par un passé simple ou un passé composé selon les cas.

- Le radical des verbes au parfait est différent du radical du présent.
- Pour trouver le radical du parfait du verbe, il suffit de regarder attentivement dans le lexique :

Voco, as, are, ***vocavi****, vocatum* : appeler.

- Le parfait est le seul temps qui a des désinences particulières.

	1re conjugaison	**2e conjugaison**	**3e conjugaison**	**3e conjugaison**	**4e conjugaison**
	Voco, as, are, **vocavi**, vocatum	Habeo, es, ere, **habui**, habitum	Dico, is, ere, **dixi**, dictum	Capio, is, ere, **cepi**, captum	Audio, is, ire, **audivi**, auditum
1re pers. sing.	Vocav**i**	Habu**i**	Dix**i**	Cep**i**	Audiv**i**
2e pers. sing.	Vocav**isti**	Habu**isti**	Dix**isti**	Cep**isti**	Audiv**isti**
3e pers. sing.	Vocav**it**	Habu**it**	Dix**it**	Cep**it**	Audiv**it**
1re pers. plur.	Vocav**imus**	Habu**imus**	Dix**imus**	Cep**imus**	Audiv**imus**
2e pers. plur.	Vocav**istis**	Habu**istis**	Dix**istis**	Cep**istis**	Audiv**istis**
3e pers. plur.	Vocav**erunt**	Habu**erunt**	Dix**erunt**	Cep**erunt**	Audiv**erunt**

JE VÉRIFIE

	vrai	faux
1. Le parfait se conjugue avec un radical particulier.	☐	☐
2. La désinence *istis* est caractéristique de la 2e personne du singulier.	☐	☐

1. vrai – 2. faux.

1 Traduis d'une langue à l'autre les formes verbales suivantes.

1. Tu as vaincu : ....
2. Fecimus : ....
3. Vous vîtes : ....
4. Putaverunt : ....
5. Je suis parvenu : ....
6. Posuisti : ....

2 Replace correctement dans les phrases les formes verbales suivantes : *laudavisti – audiverunt – dedit – habuerunt.*

1. Servi dominum ....
2. Milites arma ....
3. Deorum gloriam ....
4. Dux militi equum ....

3 Traduis cette phrase latine qui se complète de ligne en ligne.

Rex populum vocavit.
Rex populum et ducem vocavit.
Rex ira populum et ducem vocavit.
Rex ira populum et militum ducem vocavit.

Corrigés des exercices page 181

11 LA CONJUGAISON DE *SUM* ET DE *POSSUM*

JE RETIENS

▮ Le verbe ***sum, es, esse, fui*** : **être,** et ses composés comme ***possum, potes, posse, potui,*** **pouvoir,** ont une **conjugaison irrégulière**.
Le radical de *sum* et de *possum* peut changer selon les temps et les personnes.

	Sum	Sum	Sum	Possum	Possum	Possum
	Présent	Imparfait	Parfait	Présent	Imparfait	Parfait
1re pers. sing.	Sum	Eram	Fui	Possum	Poteram	Potui
2e pers. sing.	Es	Eras	Fuisti	Potes	Poteras	Potuisti
3e pers. sing.	Est	Erat	Fuit	Potest	Poterat	Potuit
1re pers. plur.	Sumus	Eramus	Fuimus	Possumus	Poteramus	Potuimus
2e pers. plur.	Estis	Eratis	Fuistis	Potestis	Poteratis	Potuistis
3e pers. plur.	Sunt	Erant	Fuerunt	Possunt	Poterant	Potuerunt

JE VÉRIFIE

vrai faux

1. Le radical de *sum* est le même au présent et à l'imparfait. ☐ ☐

2. *Fuimus* se traduit par « nous avons été ». ☐ ☐

1. faux – 2. vrai.

1 Classe ces formes en deux ensembles selon qu'elles appartiennent à la conjugaison de *sum* ou de *possum*.

Poteratis - estis - fuit - possumus - sumus - eras - potuerunt - potestis - potuit - est.

Sum	Possum
....	....
....	....
....	....
....	....
....	....

2 Relie par une flèche chaque forme latine à sa traduction.

1. Potest •	• il était
2. Erat •	• il a été
3. Sumus •	• vous pûtes
4. Potuistis •	• je pouvais
5. Potuisti •	• tu as pu
6. Poteram •	• nous fûmes
7. Fuit •	• il peut
8. Fuimus •	• nous sommes

3 Traduis les formes soulignées.

1. La jeune fille (...............) est (...............) belle.
2. Les maîtres (...............) pouvaient (...............) frapper les esclaves (...............).
3. Les soldats (...............) furent (...............) courageux.
4. Nous pouvons (...............) écouter le consul (...............).

Corrigés des exercices page 182

12 LA CONJUGAISON DE *EO* ET DE SES COMPOSÉS

JE RETIENS

■ Le verbe ***eo, is, ire, ivi*** ou ***ii, itum*** : **aller**, et ses composés ont des radicaux qui varient selon les temps.

	Présent	**Imparfait**	**Parfait**
1re pers. sing.	Eo	Ibam	Ivi *ou* ii
2e pers. sing.	Is	Ibas	Ivisti *ou* iisti
3e pers. sing.	It	Ibat	Ivit *ou* iit
1re pers. plur.	Imus	Ibamus	Ivimus *ou* iimus
2e pers. plur.	Itis	Ibatis	Ivistis *ou* iistis
3e pers. plur.	Eunt	Ibant	Iverunt *ou* ierunt

■ Voici les principaux composés de ***eo*** : le sens des verbes dépend de celui des préverbes qui correspondent le plus souvent à des prépositions de lieu.

Abeo, is, ire, abii, abitum : s'en aller, s'éloigner
Adeo, is, ire, adii, aditum : aller vers, approcher
Ineo, is, ire, inii, initum : entrer dans, commencer
Transeo, is, ire, ivi, itum : traverser, franchir, passer au-delà
Exeo, is, ire, exii, exitum : sortir, partir
Redeo, is, ire, redii, reditum : revenir
Pereo, is, ire, perii, peritum : périr
Intereo, is, ire, interii, interitum : mourir

JE VÉRIFIE

	vrai	faux
1. Le parfait du verbe *ire* possède deux formes.	□	□
2. L'imparfait de *ire* se forme avec le suffixe *-ba-* caractéristique de ce temps.	□	□

1. vrai – 2. vrai.

Je m'entraîne

1 Complète le tableau de conjugaison suivant, selon le temps demandé.

	Eo	**Transeo**	**Redeo**	**Abeo**	**Exeo**
1re pers. sing.					
2e pers. sing.	Ibas				
3e pers. sing.		Transiit	Redit		
1re pers. plur.				Abimus	
2e pers. plur.					
3e pers. plur.					Exibant

2 Traduis les formes verbales suivantes.

1. Je m'éloignais : ....
2. Tu partis : ....
3. Il mourut : ....
4. J'entre : ....
5. Transit : ....
6. Redibamus : ....

3 En t'aidant du vocabulaire, traduis les phrases suivantes en latin.

1. Il va dans le jardin. (in + Acc. : dans)
2. Il est dans la ferme. (in + Abl. : dans)
3. Il traverse le jardin.
4. Il sortait hors de la ferme. (ex + Abl. : hors de)
5. Il s'éloigna loin du jardin. (ab + Abl. : loin de)

Corrigés des exercices page 182

13 LES ADJECTIFS DE LA 1re CLASSE

JE RETIENS

▮ L'adjectif s'accorde en genre, en nombre et en cas avec le nom auquel il se rapporte.
Il peut occuper plusieurs fonctions : épithète, apposition et attribut.

▮ Dans les lexiques ou les dictionnaires, l'adjectif se présente sous la forme ***bonus, a, um* : bon.**
Bonus, a, um se lit ***bonus*** (nominatif masculin singulier), ***bona*** (nominatif féminin singulier), ***bonum*** (nominatif neutre singulier) : bon.
• L'adjectif au masculin se décline sur le modèle de ***dominus, i,* m : le maître.**
• L'adjectif au féminin se décline sur le modèle de ***vita, ae,* f : la vie.**
• L'adjectif au neutre se décline sur le modèle de ***bellum, i,* n : la guerre.**

▮ Certains adjectifs ont un nominatif masculin singulier en *-er* : ***pulcher, pulchra, pulchrum*** : beau ; ***miser, misera, miserum*** : malheureux. Pour connaître le radical de ces adjectifs, il faut observer la forme du nominatif féminin singulier.

	m. sing.	**m. plur.**	**f. sing.**	**f. plur.**	**n. sing.**	**n. plur.**
N.	Bonus	Boni	Bona	Bonae	Bonum	Bona
V.	Bone	Boni	Bona	Bonae	Bonum	Bona
Acc.	Bonum	Bonos	Bonam	Bonas	Bonum	Bona
G.	Boni	Bonorum	Bonae	Bonarum	Boni	Bonorum
D.	Bono	Bonis	Bonae	Bonis	Bono	Bonis
Abl.	Bono	Bonis	Bona	Bonis	Bono	Bonis

JE VÉRIFIE

	vrai	faux
1. L'adjectif masculin singulier se décline sur le modèle de *bellum*, *i*, n : la guerre.	☐	☐
2. *Bonis* est le datif pluriel du masculin, du féminin et du neutre.	☐	☐
3. Le radical de *pulcher* est *pulchr*.	☐	☐

1. faux – 2. vrai – 3. vrai.

JE M'ENTRAÎNE

1 Complète le tableau suivant au singulier ou au pluriel.

	Secundus, a, um : second	**Sacer, ra, rum :** sacré	**Sanctus, a, um :** saint	**Divus, a, um :** divin	**Pauci ae, a :** peu de[1]
N.			Sancti	Divum	
V.	Secunde				Paucae
Acc.		Sacras			
G.					
D. – Abl.					

2 Relie l'adjectif au nom qu'il complète en étant attentif au genre, au nombre et au cas ainsi qu'au sens de l'adjectif.

1. Optimae (*optimus*, *a*, *um* : le meilleur) •	• consule
2. Multis (*multi*, *ae*, *a* : de nombreux) •	• mulieris
3. Novo (*novus*, *a*, *um* : neuf, nouveau) •	• leges
4. Pulchrae (*pulcher*, *ra*, *rum* : beau) •	• modis

3 Traduis les phrases suivantes.

1. Augustus imperator clarum regem vocat.
2. Primum templum parvum erat.

1. L'adjectif *pauci*, de par son sens, n'existe pas au singulier.

Corrigés des exercices page 182

14 LE PARTICIPE PARFAIT PASSIF

JE RETIENS

Le participe parfait passif se forme sur le radical du supin.
Le supin est la dernière forme des temps primitifs du verbe *voco, as, are, vocavi, vocatum* : appeler. *Vocatum* est donc la forme du supin du verbe *vocare*.
Pour trouver le participe parfait passif d'un verbe, j'enlève la terminaison *-um* de son supin et j'ajoute ensuite le suffixe *-us, -a, -um*.
Ex. : *vocatum* (supin) : *vocat**us**, vocat**a**, vocat**um*** (participe parfait passif).

Le participe parfait passif se décline comme un adjectif de la 1re classe :
- *vocatus* se décline sur le modèle de *bonus* au masculin ;
- *vocata* se décline sur le modèle de *bona* au féminin ;
- *vocatum* se décline sur le modèle de *bonum* au neutre.

Il se traduit en français par un participe passé passif.
Ex. : *vocatus* : ayant été appelé, appelé.

JE VÉRIFIE

	vrai	faux
1. Le participe parfait passif se forme sur le radical du parfait en latin.	☐	☐
2. *Vocata* se traduit par « ayant été appelée ».	☐	☐

1. faux – 2. vrai.

JE M'ENTRAÎNE

1 Sur le supin des verbes suivants, forme le participe parfait passif.

1. *habitum* (supin de habeo : avoir) : ....
2. *dictum* (supin de dico : dire) : ....
3. *captum* (supin de capio : prendre) : ....
4. *auditum* (supin de audio : entendre) : ....
5. *motum* (supin de moveo : mettre en mouvement) : ....
6. *victum* (supin de vinco : vaincre) : ....
7. *laudatum* (supin de laudo : louer) : ....

2 Rends à chaque participe parfait passif latin sa traduction en français.

1. missus, a, um •	• ayant été lu
2. lectus, a, um •	• posé
3. petitus, a, um •	• ayant été demandé
4. positus, a, um •	• ayant été cru
5. creditus, a, um •	• envoyé

3 Traduis les expressions suivantes.

1. Dei laudati : ....
2. Dux victus : ....
3. Puellae amatae : ....
4. Verbum auditum : ....
5. Equi dati : ....

4 Mets les expressions de l'exercice précédent au cas et au nombre demandés.

1. Verbum auditum (Acc. plur.) : ....
2. Dux victus (Abl. sing.) : ....
3. Dei laudati (G. plur.) : ....
4. Puellae amatae (G. sing.) : ....
5. Equi dati (D. sing.) : ....

Corrigés des exercices page 182

15 Les pronoms relatifs

Je retiens

▮ Le pronom relatif latin remplace, comme en français, un nom qui est son **antécédent**.
La proposition subordonnée relative introduite par le pronom relatif est une expansion de l'antécédent.

Ex. : **La maison** que j'habite est grande.
(antécédent) (prop. sub. relative)

▮ Le pronom relatif latin se décline selon le tableau suivant :

	Masculin	**Masculin**	**Féminin**	**Féminin**	**Neutre**	**Neutre**
	singulier	*pluriel*	*singulier*	*pluriel*	*singulier*	*pluriel*
N.	Qui	Qui	Quae	Quae	Quod	Quae
V.	Qui	Qui	Quae	Quae	Quod	Quae
Acc.	Quem	Quos	Quam	Quas	Quod	Quae
G.	Cujus	Quorum	Cujus	Quarum	Cujus	Quorum
D.	Cui	Quibus	Quae	Quibus	Cui	Quibus
Abl.	Quo	Quibus	Qua	Quibus	Quo	Quibus

▮ Le pronom relatif latin prend le genre et le nombre de son antécédent. Il se décline selon la fonction qu'il occupe dans la proposition subordonnée relative.
Ex. : L'ami que je vois : *Amicus* ***quem*** *video.*
Quem est masculin singulier comme son antécédent *amicus.*
Dans la proposition subordonnée relative, il est COD du verbe *video*, on le met donc à l'**accusatif**.

Je vérifie

	vrai	faux
1. Le pronom relatif se décline en genre, en nombre et en cas.	☐	☐
2. La forme *quam* est utilisée pour le neutre, accusatif pluriel.	☐	☐

1. vrai – 2. faux.

Je m'entraîne

1 Dans les expressions suivantes, indique la fonction des pronoms relatifs et le cas correspondant en latin.

Ex. : L'ami que je vois. (que : COD du verbe voir = accusatif)

1. les esclaves qui travaillent : ....
2. le jardin dans lequel nous nous promenions : ....
3. le consul à qui j'ai donné mon salut : ....
4. les dieux dont nous avons vu les temples : ....

2 Complète maintenant avec le pronom relatif latin les expressions de l'exercice 1 traduites.

1. Servi ……….. laborant.
2. Hortus in ……… ambulabamus.
3. Consul ……….. salutem dedi.
4. Dei ……….. templa vidimus.

3 En t'aidant des phrases suivantes et de leur traduction, construis une phrase complexe contenant une proposition subordonnée relative puis traduis-la.

Ex. : *Librum lego. Librum dedisti.* Je lis le livre. Tu m'as donné le livre.
*Librum **quem** dedisti lego* : je lis le livre que tu m'as donné.

1. *Dominus servum vocat. Servus venit.* Le maître appelle l'esclave. L'esclave vient.

....

2. *Rex legatos misit. Legatos laudavit.* Le roi a envoyé des ambassadeurs. Il a loué les ambassadeurs.

....

3. *Pater filios amat. Pater filiis equum dat.* Le père aime ses enfants. Le père donne un cheval à ses enfants.

....

Corrigés des exercices page 183

16 Les pronoms-adjectifs démonstratifs

Je retiens

Il existe en latin plusieurs pronoms et adjectifs démonstratifs.
Les pronoms et les adjectifs ont des formes identiques :
hic, haec, hoc : celui-ci, ce ; *ille, illa, illud* : celui-là, ce.

- Le pronom-adjectif démonstratif *hic, haec, hoc* indique que ce dont on parle est **proche**. Ex. : Je vois ce chien-ci (celui qui est à côté de moi).
- Le pronom-adjectif démonstratif *ille, illa, illud* indique que ce dont on parle est **éloigné**. Ex. : Je vois ce chien-là (celui qui est loin de moi).

	M. sing.	M. plur.	F. sing.	F. plur.	N. sing.	N. plur.
N. - V.	Hic	Hi	Haec	Hae	Hoc	Haec
Acc.	Hunc	Hos	Hanc	Has	Hoc	Haec
G.	Hujus	Horum	Hujus	Harum	Hujus	Horum
D.	Huic	His	Huic	His	Huic	His
Abl.	Hoc	His	Hac	His	Hoc	His

	M. sing.	M. plur.	F. sing.	F. plur.	N. sing.	N. plur.
N. - V.	Ille	Illi	Illa	Illae	Illud	Illa
Acc.	Illum	Illos	Illam	Illas	Illud	Illa
G.	Illius	Illorum	Illius	Illarum	Illius	Illorum
D.	Illi	Illis	Illi	Illis	Illi	Illis
Abl.	Illo	Illis	Illa	Illis	Illo	Illis

- Les adjectifs-pronoms démonstratifs s'accordent en genre, en nombre et en cas avec le nom qu'ils déterminent ou avec le nom qu'ils remplacent.

Ex. : Je vois ce cheval-ci : *Hunc equum video.*
(*hunc* : masculin singulier, s'accorde avec *equum* ; *equum* est COD du verbe, je mets donc l'adjectif démonstratif à l'accusatif).

JE VÉRIFIE

vrai faux

1. Les pronoms et adjectifs démonstratifs latins sont invariables. ☐ ☐
2. La forme *haec* peut être féminin ou neutre selon les cas. ☐ ☐

1. faux – 2. vrai.

JE M'ENTRAÎNE

1 Traduis au cas indiqué les expressions suivantes.

1. Cette statue-ci (Acc. sing.) : ....
2. Ces lieux-là (D. plur.) : ....
3. Ce ciel-ci (G. sing.) : ....
4. Ces guerres-là (Abl. plur.) : ....
5. Ces généraux en chef-là (N. plur.) : ....

2 Replace les pronoms (sans changer leur forme) dans les phrases suivantes : *hi, ille, hoc.*

1. .... vir clarus est : consul fuit.
2. Capio .... consilium.
3. .... sunt magni milites.

3 Traduis les phrases suivantes.

1. Hic legit, ille putat.
2. Hi veniebant, illi fugiebant.
3. Hi modi antiqui sunt, illi novi.

Corrigés des exercices page 183

17 L'INFINITIF PRÉSENT ET L'INFINITIF PARFAIT

JE RETIENS

L'infinitif présent latin se forme à l'aide du suffixe *-re*.
C'est la troisième forme que l'on peut lire dans le lexique :
Voco, vocas, vocare, vocavi, vocatum : ***vocare*** est l'infinitif (appeler).

Pour former **l'infinitif parfait latin**, il faut observer le radical du verbe au parfait.
Habeo, es, ere, ***habui****, habitum :* avoir.
Habui est la 1re personne du singulier du parfait.
Pour trouver le radical du verbe, j'enlève la désinence : *habu(i).*
On ajoute ensuite au radical du parfait le suffixe *-isse* ; la forme obtenue est **l'infinitif parfait**.

Voco, as, are, avi, atum : appeler	***Vocav-isse :*** **avoir appelé**
Capio, is, ere, cepi, captum : prendre	***Cep-isse :*** **avoir pris**
Audio, is, ire, audivi, auditum : entendre	***Audiv-isse*** **: avoir entendu**

L'infinitif est employé dans la proposition subordonnée infinitive après des verbes comme *dico* (je dis), *puto* (je pense), *credo* (je crois), *jubeo* (j'ordonne), *volo* (je veux)…

- La proposition infinitive se caractérise par l'absence de conjonction de subordination, son sujet à l'accusatif et son verbe à l'infinitif.
- On emploie **l'infinitif présent** quand l'action de la subordonnée se passe en même temps **(simultanéité)** que l'action de la proposition principale et **l'infinitif parfait** quand l'action de la subordonnée a lieu avant **(antériorité)** l'action de la principale.

Ex. : *Dico dominum* ***venire*** *:* Je dis que le maître **vient**. *Dico dominum* ***venisse*** : Je dis que le maître **est venu**.

JE VÉRIFIE

	vrai	faux
1. Je m'aide de la 4ᵉ forme donnée dans le lexique pour former l'infinitif parfait.	☐	☐
2. Dans la subordonnée infinitive, l'infinitif présent exprime l'antériorité.	☐	☐

1. vrai – 2. faux.

JE M'ENTRAÎNE

1 Forme les infinitifs présents et parfaits des verbes suivants.

Verbes	Infinitif présent	Infinitif parfait
Condo, is, ere, condidi, conditum : fonder		
Colo, is, ere, colui, cultum : honorer, cultiver		
Metuo, is, ere, metui, metutum : craindre		
Oro, as, are, avi, atum : prier		
Pervenio, is, ire, eni, entum : parvenir		

2 Dans les phrases suivantes, transforme l'infinitif présent en infinitif passé exprimant l'antériorité, et modifie la traduction de la phrase.

Ex. : *Dico milites pugnare* : Je dis que les soldats combattent.

Dico milites ***pugnavisse*** : Je dis que les soldats **ont combattu**.

1. *Credo filios et filias poenas metuere* : Je crois que les fils et les filles craignent les châtiments.

....

2. *Rex dicit legatos venire* : Le roi dit que les ambassadeurs viennent.

....

Corrigés des exercices page 183

18 LE PRÉSENT DE L'INDICATIF PASSIF

JE RETIENS

▮ En français, on forme le présent de l'indicatif passif avec l'auxiliaire *être* au présent et le participe passé passif du verbe.
Ex. : Je **suis** appelé.

▮ En latin, le présent de l'indicatif passif se forme en ajoutant **de nouvelles désinences au radical du présent** des verbes :
or, r ; ris ; tur ; mur ; mini ; ntur.
Ex. : *amo* : ~~j'appelle~~ ; ***amor*** : je **suis** ~~appelé~~.

	1re conjugaison	2e conjugaison	3e conjugaison	3e conjugaison	4e conjugaison
Infinitif	*vocare*	*habere*	*dicere*	*capere*	*audire*
Radical	**voca**	**habe**	**dic**	**cap**	**audi**
1re pers. sing.	Vocor	Habeor	Dicor	Cap-i-or	Audior
2e pers. sing.	Vocaris	Haberis	Dic-e-ris	Cap-e-ris	Audiris
3e pers. sing.	Vocatur	Habetur	Dic-i-tur	Cap-i-tur	Auditur
1re pers. plur.	Vocamur	Habemur	Dic-i-mur	Cap-i-mur	Audimur
2e pers. plur.	Vocamini	Habemini	Dic-i-mini	Cap-i-mini	Audimini
3e pers. plur.	Vocantur	Habentur	Dic-u-ntur	Cap-i-u-ntur	Audiuntur

▮ Le complément d'agent du verbe passif se met à l'ablatif sans préposition pour les êtres inanimés et à l'ablatif précédé de la préposition ***a*** ou ***ab*** (devant une voyelle) pour les personnes.
Ex. : *Filius* ***a patre*** *amatur* : Le fils est aimé **par le père**.

JE VÉRIFIE

	vrai	faux
1. *Tur* est la désinence de la 3e personne du pluriel.	☐	☐
2. Le complément d'agent se met au génitif.	☐	☐

1. faux – 2. faux.

1 Conjugue les verbes suivants à la voix passive (en respectant leur forme) puis traduis-les.

1. vides (tu vois) : ....
2. capit (il prend) : ....
3. vocamus (nous appelons) : ....
4. rapiunt (ils arrachent) : ....
5. vincit (il vainc) : ....
6. dant (ils donnent) : ....
7. teneo (je tiens) : ....
8. mittis (tu envoies) : ....
9. laudatis (vous louez) : ....
10. credit (il croit) : ....

2 Rends à chaque phrase passive son complément d'agent.

1. Servus vocatur •	• annis
2. Castra conduntur •	• a militibus
3. Regis hortus colitur •	• a multis servis
4. Antiqua templa delentur •	• a domini filia

3 Traduis les phrases suivantes.

1. Pax a regis legatis datur.
2. Gloria militibus victoria datur.
3. Diva ira a multis populis metuitur.
4. Romani a paucis patriis vincuntur.

Corrigés des exercices page 183

19 L'IMPARFAIT DE L'INDICATIF PASSIF

JE RETIENS

▮ En français, on forme l'imparfait de l'indicatif passif avec l'auxiliaire *être* à l'imparfait et le participe passé passif du verbe.
Ex. : J'**étais** appelé.

▮ En latin, l'imparfait de l'indicatif passif se forme en ajoutant au radical du verbe **le suffixe** ***-ba-*** (caractéristique de l'imparfait à l'actif également) **et les désinences propres au passif**.
Ex. : J'étais appelé : *vocabar*.

	1re conjugaison	2e conjugaison	3e conjugaison	3e conjugaison	4e conjugaison
Infinitif	vocare	habere	dicere	capere	audire
Radical	**voca-**	**habe-**	**dic-**	**cap-**	**audi-**
1re pers. sing.	Vocabar	Habebar	Dicebar	Capiebar	Audiebar
2e pers. sing.	Vocabaris	Habebaris	Dicebaris	Capiebaris	Audiebaris
3e pers. sing.	Vocabatur	Habebatur	Dicebatur	Capiebatur	Audiebatur
1re pers. plur.	Vocabamur	Habebamur	Dicebamur	Capiebamur	Audiebamur
2e pers. plur.	Vocabamini	Habebamini	Dicebamini	Capiebamini	Audiebamini
3e pers. plur.	Vocabantur	Habebantur	Dicebantur	Capiebantur	Audiebantur

JE VÉRIFIE

	vrai	faux
1. Le suffixe *-ba-* est commun à l'actif et au passif.	☐	☐
2. La forme *audiebaris* se traduit par « tu es entendu ».	☐	☐

1. vrai – 2. faux.

Je m'entraîne

1 Mets les verbes suivants à l'imparfait passif et traduis-les.

1. legitur : ....
2. crederis : ....
3. rapitur : ....
4. vincor : ....
5. datur : ....
6. mittimini : ....
7. movemur : ....

2 Complète la grille de mots suivants en traduisant en latin chaque mot souligné (attention à respecter le temps et la personne pour les verbes et le genre, le nombre et le cas pour les noms).

1. Le roi était craint par ses sujets. – 2. Il avoua avoir pris le trophée. – 3. César conduisait ses troupes avec fierté. – 4. Le général en chef est célèbre. – 5. Les villes étaient détruites *(deleo, es, ere)* par les guerres. – 6. J'étais écouté dès que je parlais. – 7. Les militaires s'entraînent pour combattre. – 8. Ils attaquent le camp militaire. – 9. La ville est construite par Romulus. – 10. Les hommes parvenaient avec peine à avancer.

3 Mets les phrases actives au passif puis traduis les phrases obtenues.
Ex. : *Milites ducem laudant* → *Dux a militibus laudatur* (le chef est loué par les soldats).

1. Servi domini ingenium laudabant.
2. Mater filias amabat.
3. Petrus ad Lucilium epistulam (*epistula, ae*, f. lettre) scribebat.

Corrigés des exercices page 183

20 Le parfait de l'indicatif passif

Je retiens

▮ Le parfait passif correspond à deux temps en français : le passé composé passif et le passé simple passif.

• En français, on forme le passé composé passif et le passé simple passif avec l'auxiliaire *être* au passé composé ou au passé simple.
Ex. : j'**ai été** appelé ; je **fus** appelé.

• En latin, le parfait passif se forme en utilisant **le participe parfait passif et le présent de l'indicatif de l'auxiliaire *être*.**
Ex. : *vocatus sum* : j'ai été appelé ; *vocati sumus* : nous avons été appelés (si « je » ou « nous » désigne un nom masculin)
vocata sum : j'ai été appelée ; *vocatae sumus* : nous avons été appelées (si « je » ou « nous » désigne un nom féminin)
vocatum sum : j'ai été appelé ; *vocata sumus* : nous avons été appelés (si « je » ou « nous » désigne un nom neutre).

	1re conjugaison	**2e conjugaison**	**3e conjugaison**	**3e conjugaison**	**4e conjugaison**
1re pers. sing.	Vocatus, a, um sum	Habitus, a, um sum	Dictus, a, um sum	Captus, a, um sum	Auditus, a, um sum
2e pers. sing.	Vocatus, a, um es	Habitus, a, um es	Dictus, a, um es	Captus, a, um es	Auditus, a, um es
3e pers. sing.	Vocatus, a, um est	Habitus, a, um est	Dictus, a, um est	Captus, a, um est	Auditus, a, um est
1re pers. plur.	Vocati, ae, a sumus	Habiti, ae, a sumus	Dicti, ae, a sumus	Capti, ae, a sumus	Auditi, ae, a sumus
2e pers. plur.	Vocati, ae, a estis	Habiti, ae, a estis	Dicti, ae, a estis	Capti, ae, a estis	Auditi, ae, a estis
3e pers. plur.	Vocati, ae, a sunt	Habiti, ae, a sunt	Dicti, ae, a sunt	Capti, ae, a sunt	Auditi, ae, a sunt

JE VÉRIFIE

	vrai	faux
1. Le parfait passif latin se conjugue avec le verbe *être* et le participe présent du verbe.	☐	☐
2. Le participe parfait passif s'accorde en genre et en nombre avec la personne du sujet.	☐	☐

1. faux – 2. vrai.

JE M'ENTRAÎNE

1 Complète le tableau suivant en formant le participe parfait passif des verbes, puis conjugue-les à l'indicatif parfait passif à la personne demandée.

Verbes	Participe parfait passif	Indicatif parfait passif
Ex. : Voco, as, are, avi, atum	Vocatus, a, um	Tu as été appelé : Vocatus es
Amo, as, are, avi, atum	....	Nous avons été aimées : ....
Facio, is, ere, feci, factum	....	Il a été fait : ....
Video, es, ere, vidi, visum	....	J'ai été vue : ....
Vinco, is, ere, vici, victum	....	Vous avez été vaincus : ....
Lego, is, ere, legi, lectum	....	Ils ont été lus : ....

2 Les phrases suivantes sont au présent ou à l'imparfait passif : mets-les au parfait passif et traduis-les.

1. Dominus a servis laudatur.
2. Agri ab agricolis[1] colebantur.
3. Milites vincuntur.

---

1. *Agricola*, *ae*, m : l'agriculteur.

Corrigés des exercices page 184

21 L'EXPRESSION DU LIEU

JE RETIENS

▮ Pour introduire le complément circonstanciel de lieu, le latin, comme le français, emploie généralement des **prépositions**.
Ex. : Le livre se trouve **sur** la table : *Liber **in** mensa est.*

▮ Le cas employé après les prépositions peut être variable en fonction de la **valeur** du complément de lieu.

Si je désigne...	Je réponds à la question...	J'emploie alors...	Exemple :
Le lieu où je me trouve	Ubi ? (où ?)	***In* + Abl.**	***In silva sum*** : je suis dans la forêt.
Le lieu où je vais	Quo ? (vers où)	***In* + Acc.** ***Ad* + Acc.**	***In silvam eo*** : je vais dans la forêt.
Le lieu d'où je viens	Unde ? (d'où ?)	***Ex* + Abl.**	***Ex silva venio*** : je viens de la forêt.
Le lieu par lequel je passe	Qua ? (par où ?)	***Per* + Acc.**	***Per silvam eo*** : je passe par la forêt.

▮ Il faut connaître le sens des prépositions suivantes parce qu'elles sont courantes :

***In* + Abl.** : dans, sur
***In* + Acc.** : dans (avec une idée de mouvement)
***Ad* + Acc.** : vers
***Ante* + Acc.** : devant
***Post* + Acc.** : derrière
***Ab* + Abl.** : loin de
***Ex* + Abl.** : hors de
***De* + Abl.** : du haut de
***Per* + Acc.** : à travers
***Apud* + Acc.** : chez

JE VÉRIFIE

	vrai	faux
1. Certaines prépositions peuvent être construites avec deux cas selon leur valeur.	☐	☐
2. L'ablatif caractérise l'idée de mouvement.	☐	☐
3. Pour traduire un lieu d'origine, j'emploie l'accusatif.	☐	☐

1. vrai (c'est le cas de *in*) – 2. faux – 3. faux.

JE M'ENTRAÎNE

1 À quelle question répondent ces phrases ? Précise quelle préposition et quel cas tu emploierais pour traduire les compléments de lieu en latin.

Ex. : Ils sortent du jardin *(unde ?)* = *ex* + Abl.

1. Les enfants se rendent à l'école en bus chaque jour. (.........) = ...
2. Ils observent leur chien dans la cour (...........) = depuis leur fenêtre (...........) = ...
3. Les soldats s'avancent vers leur chef (...........) = qui se trouve au milieu du camp (...........) = ...
4. Devant ma porte d'entrée, j'ai planté des tulipes. (...........) = ...

2 Complète les mots compléments circonstanciels de lieu avec la terminaison qui convient.

1. Dominus in vill...... est.
2. In hort...... venio.
3. Regis servi in hort...... veniunt.
4. Ad castr...... milites perveniunt.
5. In castr...... dux est.
6. In patri...... laeti sumus.
7. In loc...... jucund...... (*jucundus*, *a*, *um* : agréable) eo.
8. Aves (*avis*, *is*, f : l'oiseau) in cael...... video.
9. Pater filios in camp...... ducit.
10. Ex hort...... venio.

3 Traduis les phrases suivantes.

1. Discipuli apud magistros legunt.
2. Milites per Galliam iter faciunt et in Germaniam veniunt.
(*Gallia*, *ae*, f : la Gaule ; *Germania*, *ae*, f : la Germanie ; *iter facere* : faire route)
3. Ante templum servi dona ponunt.
4. Ad regis patriam navigo.

Corrigés des exercices page 184

22 L'EXPRESSION DU TEMPS

JE RETIENS

▮ En latin, pour traduire un complément circonstanciel de temps, on observe d'abord **sa valeur précise** : exprime-t-il une **date précise** ou une **durée** ?

• Si le complément circonstanciel de temps exprime une **date**, il répond à la question ***quando*** ? (quand ?), il se met à **l'ablatif**.

Ex. : *regum* ***tempore*** *:* à l'époque des rois.

• Si le complément circonstanciel de temps indique une **durée**, il répond à la question ***quamdiu*** ? (combien de temps ?), il se met **à l'accusatif**.

Ex. : *Dux* ***multos annos*** *bellum gessit :* Le chef fit la guerre pendant de nombreuses années.

▮ Certains compléments circonstanciels de temps peuvent être introduits par des prépositions ; il faut vérifier dans le lexique quel cas il convient d'employer après chaque préposition.

Ex *eo die :* depuis ce jour ; ***post*** *hunc annum :* après cette année ;
per *longum tempus :* pendant un moment.

• Le complément circonstanciel de temps peut être exprimé dans une proposition subordonnée introduite par :

- ***cum, ubi*** : quand, lorsque ;
- ***antequam*** : avant que ;
- ***postquam*** : après que.

Ex. : ***Cum*** *magister legit, discipuli audiunt* : Lorsque le maître lit, les élèves écoutent.

▮ Le complément circonstanciel de temps peut être exprimé, enfin, par un **ablatif absolu**, c'est-à-dire une proposition composée d'un nom et d'un participe à l'ablatif :

Ex. : ***Romulo regnante*** *:* Romulus régnant (quand Romulus régnait, sous le règne de Romulus).

JE VÉRIFIE

	vrai	faux
1. L'ablatif permet de traduire une durée.	☐	☐
2. La préposition *post* se construit avec l'accusatif.	☐	☐
3. On traduit *antequam* par « après que ».	☐	☐

1. faux – 2. vrai – 3. faux.

JE M'ENTRAÎNE

1 Indique entre parenthèses si le complément circonstanciel de temps souligné exprime une durée (D) ou un moment précis (M) puis relie-le à sa traduction.

1. Il m'attendit trois heures (……) devant la fontaine.
2. Pendant un long moment (……) ils restèrent silencieux.
3. Les bateaux sortirent cette nuit-là (……).
4. Depuis cette année-là (……), nous travaillons davantage.

- per longum tempus
- ea nocte
- ex eo anno
- tres horas

2 Replace les compléments circonstanciels de temps suivants dans la phrase qui convient : *heri* (hier) ; *hieme* (en hiver), *saepe* (souvent), *multos annos* (de nombreuses années).

1. Non ……………….. laboramus. – 2. ………………….. Romani milites non pugnabant. – 3. Ambulavimus cum amicis in silva ……………… – 4. ………………….. pater miles fuit.

3 Traduis les phrases suivantes.

1. Caesaris tempore, Galli bellum timebant.
2. Antequam dominus in agrum venit, servi ludebant ; sed cum pervenit, laboraverunt.
3. Il fut consul peu d'années durant.
4. Caesare (*Caesar, aris*, m : Jules César) victo, milites in patriam redierunt.

Corrigés des exercices page 184

23 L'EXPRESSION DE LA CAUSE

JE RETIENS

▮ En latin comme en français, le complément circonstanciel de cause renseigne sur **l'origine** ou **l'explication d'un fait**.
En latin, le complément circonstanciel de cause peut être traduit par :
• un mot ou un groupe de mots à **l'ablatif** :
Ex. : ***Fama***[1] *clarus est* : Il est célèbre **à cause de sa réputation**.
• un mot ou un groupe de mots précédé d'une **préposition** :
Ex. : *Milites* ***propter victoriam*** *laeti sunt* : Les soldats sont heureux **à cause de la victoire**.
• un **ablatif absolu** (un nom et un participe à l'ablatif) :
Ex. : ***Duce victo***, *miles castra ponit.* : **Puisque le chef a été vaincu**, le soldat installe le camp. (Le chef ayant été vaincu…)
• une **proposition subordonnée à l'indicatif** introduite par ***quia*** **(parce que),** ***quoniam*** **(puisque)** ou ***quod*** **(parce que) :**
Ex. : *Filius laetus est* ***quia pater equum dedit*** : Le fils est heureux **parce que son père lui a donné un cheval**.
• des **mots-outils** tels que ***nam*** **(car) ;** ***enim*** **(en effet) :**
Ex. : *Venimus,* ***nam*** *Romanos non timemus* : Nous venons **car** nous ne craignons pas les Romains.

JE VÉRIFIE

	vrai	faux
1. La cause est l'expression du résultat d'une action.	☐	☐
2. La préposition *propter* peut introduire un complément circonstanciel de cause.	☐	☐
3. Après la conjonction de subordination *quia*, j'emploie toujours l'indicatif.	☐	☐

1. faux – 2. vrai – 3. vrai.

1. Le latin n'emploie pas d'adjectif possessif lorsque le possesseur est évident, cependant en français on le restitue.

JE M'ENTRAÎNE

1 Relie chaque complément circonstanciel de cause à sa traduction.

1. Propter victoriam •	• à cause de sa gloire
2. Gloria •	• les peuples ayant été vaincus
3. Populis victis •	• puisque le maître appelle
4. Quoniam dominus vocat •	• à cause de sa victoire

2 Voici des ablatifs absolus, compléments circonstanciels de cause : replace-les dans les phrases suivantes en t'aidant de la traduction. *Pecunia data* : l'argent ayant été donné ; *magistri verbis auditis* : les paroles du maître ayant été entendues ; *templo aedificato* : le temple ayant été construit ; *militibus victis* : les soldats ayant été vaincus

1. ...., Romani deum laudant.
2. ...., dux orationem habuit[1].
3. ...., servi laeti erant.
4. ...., discipuli rident[2].

3 Traduis le texte suivant adapté de Tite-Live.

Ancus[3], propter famam et justitiam[4], novus Numa est ; ad deorum aras semper[5] it, nam deos timet. Itaque Romani eum[6] amant.

1. *Orationem habere* : faire un discours.
2. *Rideo, es, ere, risi, risum* : rire.
3. Ancus et Numa sont deux rois de Rome.
4. *Justitia, ae*, f : la justice.
5. *Semper* : toujours.
6. *Eum* (pronom personnel) : l'.

Corrigés des exercices page 184

24 Les deux premières déclinaisons (récapitulatif)

Je retiens

Les noms, adjectifs et pronoms latins varient en genre (masculin, féminin et neutre) et en nombre comme en français, mais également en cas, selon la fonction occupée par le mot dans la phrase.

Le mot se met au …	**s'il occupe la fonction de …**
Nominatif	– sujet ou attribut du sujet
Vocatif	– apostrophe
Accusatif	– COD ou attribut du COD – complément circonstanciel de lieu (idée de mouvement) – complément circonstanciel de temps (idée de durée)
Génitif	– complément du nom
Datif	– COI ou COS
Ablatif	– complément circonstanciel de lieu (lieu où l'on est) – complément circonstanciel de temps (idée de date précise) – complément circonstanciel de cause – autres compléments circonstanciels

L'ensemble des cas constitue une **déclinaison**. Il existe en latin plusieurs déclinaisons ; chacune est caractérisée par son **génitif singulier** :

- La 1re déclinaison a un **génitif singulier** en *-ae*.
- La 2e déclinaison a un **génitif singulier** en *-i*.

	Singulier	**Pluriel**	**Singulier**	**Pluriel**	**Singulier**	**Pluriel**
	1re déclinaison	1re déclinaison	2e déclinaison	2e déclinaison	2e décl. neutre	2e décl. neutre
Nominatif	Vita	Vitae	Dominus	Domini	Bellum	Bella
Vocatif	Vita	Vitae	Domine	Domini	Bellum	Bella
Accusatif	Vitam	Vitas	Dominum	Dominos	Bellum	Bella
Génitif	Vitae	Vitarum	Domini	Dominorum	Belli	Bellorum
Datif	Vitae	Vitis	Domino	Dominis	Bello	Bellis
Ablatif	Vita	Vitis	Domino	Dominis	Bello	Bellis

JE VÉRIFIE

	vrai	faux
1. Les noms de la 1re déclinaison ont un génitif singulier en *-ae*.	☐	☐
2. Le complément « pendant trois ans » se traduit par un ablatif en latin.	☐	☐

1. vrai – 2. faux.

JE M'ENTRAÎNE

1 Complète le tableau suivant.

	Amicitia, ae, f : l'amitié	**Ludus, i, m : le jeu,** l'école	**Inimicus, i, m :** l'ennemi	**Spatium, i, n :** l'espace	**Diligentia, ae, f :** le soin, la vigilance
N.		ludi		spatium	
V.					diligentia
Acc.	amicitias		inimicos		
G.					
D.					
Abl.					

2 Traduis les groupes de mots soulignés dans ces phrases.

1. Milites timent <u>les dangers de la guerre</u> (................................). 2. Sumus <u>au théâtre</u> (*theatrum, i*, n : le théâtre) (................................) et laudamus <u>les spectacles</u> (................................). 3. <u>Les esclaves</u> parent (*pareo, es, ere, ui, itum* + datif : obéir) <u>aux maîtres</u> <u>avec soin</u>[1] (......... ....).

3 Replace les mots latins suivants dans la phrase de Démosthène, célèbre orateur grec : *diligentia, patriae, asini, umbra*.

Cum de .... loquor, *quam maxima .... me auditis,* *cum vero de .... salute,* *non auditis.*	Lorsque je parle de l'ombre de l'âne, vous m'écoutez avec une très grande attention ; mais quand il s'agit du salut de la patrie, vous n'écoutez pas.

1. Le complément circonstanciel de manière se traduit par l'ablatif sans préposition.

Corrigés des exercices page 185

25 LA TROISIÈME DÉCLINAISON

JE RETIENS

▮ Elle se caractérise par son génitif singulier en *-is*.
Les noms de la 3e déclinaison se déclinent selon deux modèles : certains ont un génitif pluriel en ***-um*** (*rex*, *regis*, m : le roi ; *corpus*, *corporis*, n : le corps) ; d'autres en ***-ium*** (*civis*, *civis*, m : le citoyen ; *mare*, *maris*, n : la mer).

	Masculin Féminin	**Masculin Féminin**	**Neutre**	**Neutre**	**Masculin Féminin**	**Masculin Féminin**	**Neutre**	**Neutre**
	singulier	*pluriel*	*singulier*	*pluriel*	*singulier*	*pluriel*	*singulier*	*pluriel*
N.	Rex	Reges	Corpus	Corpora	Civis	Cives	Mare	Maria
V.	Rex	Reges	Corpus	Corpora	Civis	Cives	Mare	Maria
Acc.	Regem	Reges	Corpus	Corpora	Civem	Cives	Mare	Maria
G.	Regis	Regum	Corporis	Corporum	Civis	Civium	Maris	Marium
D.	Regi	Regibus	Corpori	Corporibus	Civi	Civibus	Mari	Maribus
Abl.	Rege	Regibus	Corpore	Corporibus	Cive	Civibus	Mari	Maribus

▮ **Remarque** : les noms neutres ayant un **génitif pluriel en *-ium*** sont irréguliers à l'ablatif singulier : ils ont un **ablatif singulier en *-i***.

JE VÉRIFIE

	vrai	faux
1. La terminaison *-ibus* caractérise le datif pluriel de tous les noms de la 3e déclinaison.	☐	☐
2. La terminaison de l'ablatif singulier de la 3e déclinaison est toujours *-e*.	☐	☐

1. vrai – 2. faux.

Je m'entraîne

1 Complète le tableau suivant.

	Caput, itis, n : la tête	**Lumen, inis, n :** la lumière	**Cupiditas, atis, f :** la cupidité	**Jus, juris, n :** le droit	**Regio, onis, f :** la région	**Scelus, eris, n :** le crime	**Vates, is, m :** le devin	**Vestis, is, f :** le vêtement
N.	caput							vestes
V.								
Acc.		lumina	cupiditatem					
G.				juris			vatis	
D.					regionibus			
Abl.						sceleribus		

2 Traduis le texte suivant en t'aidant du lexique.

Athenis Demosthenes saepe orationes habuit. Quodam die Atheniensibus dixit : « Olim civis asinum conduxit quod Megaram iter fecit. Vires ei defecerunt, arboris umbram quaesivit. Asinarius dixit se non asini umbram sed asinum tantum conduxisse. »

Lexique : *Athenae, arum*, f : Athènes ; *Demosthenes, is*, m : Démosthène ; *oratio, onis*, f : discours ; *quodam die :* un jour.

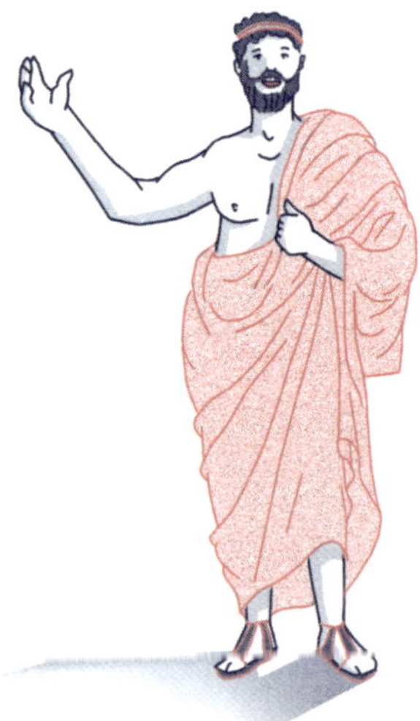

Corrigés des exercices page 185

26 LES ADJECTIFS DE LA 1re CLASSE

JE RETIENS

Comme nous l'avons vu fiche 13, l'adjectif latin s'accorde en genre, en nombre et en cas avec le nom qu'il qualifie.
Il peut occuper les fonctions de :
- **Épithète** : ***Bonus** dominus legit :* Le bon maître lit.
- **Attribut** : *Augustus imperator **clarus** erat :* L'empereur Auguste était célèbre.
- **Apposition** : *Domini filia ludit, **laeta** :* La fille du maître joue, heureuse.

Les terminaisons de l'adjectif sont celles de la 1re déclinaison (au féminin) et de la 2e déclinaison (au masculin et au neutre). Voici en rappel le tableau de ces déclinaisons :

	Masculin	**Masculin**	**Féminin**	**Féminin**	**Neutre**	**Neutre**
	singulier	*pluriel*	*singulier*	*pluriel*	*singulier*	*pluriel*
N.	Bonus	Boni	Bona	Bonae	Bonum	Bona
V.	Bone	Boni	Bona	Bonae	Bonum	Bona
Acc.	Bonum	Bonos	Bonam	Bonas	Bonum	Bona
G.	Boni	Bonorum	Bonae	Bonarum	Boni	Bonorum
D.	Bono	Bonis	Bonae	Bonis	Bono	Bonis
Abl.	Bono	Bonis	Bona	Bonis	Bono	Bonis

Il existe des adjectifs au nominatif singulier en *-er*.
Ex. : *Equus **pulcher** est* (le cheval est beau). *Rosa **pulchra** est* (la rose est belle).
*Servi **miseri** sunt* (les esclaves sont malheureux). *Ancillae **miserae** sunt* (les servantes sont malheureuses).
Pour décliner correctement ces adjectifs, il faut observer la forme du nominatif féminin singulier.

Je vérifie

	vrai	faux
1. L'adjectif neutre latin se décline sur le modèle de la 1re déclinaison (génitif en *-ae*).	☐	☐
2. Pour trouver le radical de *miser*, j'observe la forme de l'adjectif au féminin.	☐	☐

1. faux – 2. vrai.

Je m'entraîne

1 Complète le tableau suivant.

	Securus, a, um : tranquille, calme	**Gratus, a, um :** agréable, bienvenu	**Piger, pigra, pigrum :** paresseux, indolent	**Otiosus, a, um :** oisif, paisible, oiseux	**Liber, era, erum :** libre
N. – V.		Gratum	Piger		Liberi
Acc.	Securam			Otiosas	
G.					
D.					
Abl.					

2 Les adjectifs latins ont été supprimés dans ce texte. À l'aide de la traduction française, replace ceux-ci : *duri, multis, variis*.

Carthaginienses fraudulenti et menaces non genere, sed natura loci, quod propter portus suos .... *et .... mercatorum et advenarum sermonibus ad studium fallendi studio quaestus vocabantur.* *Ligures montani ....* *atque agrestes.*	Les Carthaginois étaient portés à la fraude et au mensonge, non par tempérament mais à cause de la situation de leur pays. Leur port les mettant en relation avec une foule de trafiquants et d'étrangers d'origines diverses, l'amour du gain les inclinait à la tromperie. Les Ligures des montagnes sont durs et sauvages. *Effet du climat sur le comportement des peuples*, Cicéron, *Agr.* II, 95

Corrigés des exercices page 186

27 Les adjectifs de la 2e classe

Je retiens

▮ Il existe en latin une deuxième catégorie – ou classe – d'adjectifs. Ceux-ci, comme les adjectifs de la 1re classe, s'accordent en genre, en nombre et en cas avec le nom qu'ils qualifient.
Les adjectifs de la 2e classe se déclinent sur le modèle des noms de la **3e déclinaison** ; ils ont donc un **génitif singulier en *-is***.

	Vetus, eris vieux	Vetus, eris	Vetus, eris	Vetus, eris	Omnis, e : tout, chaque	Omnis, e	Omnis, e	Omnis, e
	M. F.	**M. F.**	**Neutre**	**Neutre**	**M. F.**	**M. F.**	**Neutre**	**Neutre**
	singulier	*pluriel*	*singulier*	*pluriel*	*singulier*	*pluriel*	*singulier*	*pluriel*
N.	Vetus	Veteres	Vetus	Vetera	Omnis	Omnes	Omne	Omnia
V.	Vetus	Veteres	Vetus	Vetera	Omnis	Omnes	Omne	Omnia
Acc.	Veterem	Veteres	Vetus	Vetera	Omnem	Omnes	Omne	Omnia
G.	Veteris	Veterum	Veteris	Veterum	Omnis	Omnium	Omnis	Omnium
D.	Veteri	Veteribus	Veteri	Veteribus	Omni	Omnibus	Omni	Omnibus
Abl.	Vetere	Veteribus	Vetere	Veteribus	Omni	Omnibus	Omni	Omnibus

Les adjectifs du type ***ingens, entis*** se déclinent sur le modèle de *omnis, e.*

▮ **Remarques**
• L'ablatif singulier d'*ingens, ingentis* est en *-i* pour les noms de choses et en *-e* pour les noms de personnes.
• Sur le modèle de *vetus* ne se déclinent que quelques adjectifs : *dives, divitis* : riche ; *pauper, eris* : pauvre.
• Sur le modèle d'*omnis* se déclinent des adjectifs en *-er* : *acer, acris, acre* : perçant, piquant ; *celer, celeris, celere* : vif, rapide.

Je vérifie

	vrai	faux
1. *Vetus* a pour ablatif singulier *vetere*.	☐	☐
2. Le génitif singulier des adjectifs de la 2e classe est en *-i*.	☐	☐

1. vrai – 2. faux.

Je m'entraîne

1 Décline au nombre et au cas indiqués entre parenthèses les expressions suivantes.

1. *Nobilis*[1] *philosophus* : le philosophe connu (Abl. plur.) : ....
2. *Fidelis amicus* : l'ami fidèle (Acc. sing.) : ....
3. *Velox pedes* : le fantassin rapide (G. plur.) : ....
4. *Dives imperator* : le riche général (Abl. sing.) : ....
5. *Prudens*[2] *orator* : l'orateur expérimenté (N. plur.) : ....

2 Remplace dans chaque phrase l'adjectif souligné de la 1re classe par l'adjectif de la 2e classe indiqué en l'accordant correctement.

1. Domini hortus magnus (………………) est. *(ingens, tis)*
2. Populus clarum (………………) ducem laudabat. (*fortis, e* : courageux)
3. Pater parvae filiae pulchrum equum dedit. (*tristis, e* : triste ; *vetus, eris* : vieux) ....

3 Traduis le texte suivant (Pline le Jeune, *Lettres*, V16).

« Nondum annos quatuordecim impleverat et illi anilis prudentia, matronalis gravitas erat, et tamen suavitas puellaris cum virginali verecundia […]. O triste plane acerbumque funus ! »

Lexique :

Nondum : pas encore ; *quatuordecim* : quatorze ; *impleverat* : elle n'avait pas ; *illi* : à elle ; *anilis, e* : d'une femme âgée ; *puellaris, e* : d'une jeune fille ; *virginalis, e* : virginal ; *gravitas, atis*, f : le sérieux ; *suavitas, atis*, f : la douceur ; *verecundia, ae*, f : la pudeur ; *plane* : très ; *acerbus, a, um* : pénible ; *funus, eris*, n : la mort.

1. Selon le texte, *nobilis* peut signifier noble. 2. *Prudens* peut signifier prudent, avisé.

Corrigés des exercices page 186

28 LA FORMATION DU COMPARATIF

JE RETIENS

Il existe, en latin comme en français, un comparatif d'infériorité, d'égalité et de supériorité.

Adjectif : *doctus, a, um* : savant	En français		En latin
COMPARATIF	d'infériorité :	**moins** savant	***Minus*** *doctus*
	d'égalité :	**aussi** savant	***Tam*** *doctus*
	de supériorité :	**plus** savant	***Doctior***

Le comparatif de supériorité est formé du suffixe *-ior* (M, F), *-ius* (neutre) que l'on ajoute au radical de l'adjectif.
Ex. : *doct-ior* (M, F), *doct-ius* (neutre) : plus savant.
Il se décline selon le modèle de ***vetus, eris***.

	Doctior	**Doctior**	**Doctius**	**Doctius**
	M, F	**M, F**	**Neutre**	**Neutre**
	singulier	*pluriel*	*singulier*	*pluriel*
N.	Doctior	Doctiores	Doctius	Doctiora
V.	Doctior	Doctiores	Doctius	Doctiora
Acc.	Doctiorem	Doctiores	Doctius	Doctiora
G.	Doctioris	Doctiorum	Doctioris	Doctiorum
D.	Doctiori	Doctioribus	Doctiori	Doctioribus
Abl.	Doctiore	Doctioribus	Doctiore	Doctioribus

JE VÉRIFIE

	vrai	faux
1. Le comparatif d'infériorité de *doctus* est *tam doctus*.	☐	☐
2. Les adjectifs au comparatif ont un génitif singulier en *-is*.	☐	☐

1. faux – 2. vrai.

JE M'ENTRAÎNE

1 Mets les expressions suivantes au comparatif de supériorité en les déclinant au cas indiqué.

1. Audax miles
(un soldat audacieux) (D. plur.) ....
2. Egregium donum
(un don remarquable) (Acc. plur.) ....
3. Honesta plebs
(une foule honnête) (G. sing.) ....
4. Crudelis amicus
(un ami cruel) (G. plur.) ....
5. Laetus homo
(un homme heureux) (Acc. sing.) ....
6. Saevus dux
(un chef cruel) (Acc. plur.) ....

2 Donne un comparatif à chaque expression proposée, à l'aide des adjectifs suivants : *laetus, doctus, fortis, facilis.*

dormine (supériorité) : ....
amici mei (égalité) : ....
magister (supériorité) : ....
imperatores (supériorité) : ....

Corrigés des exercices page 186

29 LE COMPLÉMENT DU COMPARATIF

JE RETIENS

▮ Le complément du comparatif est introduit par ***quam***. Pour le comparatif en *-ior-*,*-ius*, il peut se construire avec l'**ablatif sans préposition.**

Ex. : *Discipulus tam doct**ior** **quam** magister est.*
Le maître est aussi savant que l'élève.

Ex. : *Magister doct**ior** **quam** discipulus est* ou *magister doct**ior** discipulo est.*
Le maître est plus savant que l'élève.

• Le comparatif peut aussi se construire **sans complément**.

Ex. : *Magister doct**ior** est.* Le maître est assez (trop) savant.

▮ **Les comparatifs irréguliers**

Adjectifs	**Comparatifs**
Bonus, a, um : bon	*Melior, ius* : meilleur
Malus, a, um : mauvais	*Pejor, pejus* : pire
Parvus, a, um : petit	*Minor, minus* : plus petit
Magnus, a, um : grand	*Major, majus* : plus grand
Multi, ae, a : nombreux	*Plures, plura* : plus nombreux
Propinquus, a, um : proche	*Propior, propius* : plus proche

JE VÉRIFIE

	vrai	faux
1. Le complément du comparatif se met obligatoirement à l'ablatif.	☐	☐
2. *Major* est le comparatif de *magnus*.	☐	☐

1. faux – 2. vrai.

Je m'entraîne

1 Mets les expressions suivantes au comparatif de supériorité.

1. Multae lacrimae (de nombreuses larmes).
2. Malus animus (un esprit mauvais).
3. Magnum templum (un grand temple).

1. Abl. plur. : ....
2. Acc. sing. : ....
3. N. plur. : ....

2 Utilise les adjectifs suivants pour établir des comparaisons entre les groupes de mots : *dives, major, pulcher.*

Ex. : doctus – magister/discipulus : *Magister doctior quam discipulus est.*

equus/canis (le chien) – dominus/servus – pueri (les jeunes garçons)/puellae.

3 Replace les expressions suivantes dans la description en t'aidant de la traduction *(locis pluribus - densiore umbra - brevioribus platanis).*

« Limes … cupressis ambitur	« L'allée … est entourée et couverte
et tegitur	de cyprès à l'ombre assez épaisse.
Medium spatium	L'espace compris à l'intérieur
adornatur.	s'orne de platanes plus petits (…).
(…) Sunt	En plusieurs endroits sont disposés
disposita sedilia e marmore. »	des sièges de marbre. »
	D'après Pline le Jeune, *V*, 6

Corrigés des exercices page 186

30 LE SUPERLATIF DE SUPÉRIORITÉ DE L'ADJECTIF

JE RETIENS

En latin comme en français, l'adjectif peut être mis au **superlatif**.
Ex. : *doctissimus :* le plus savant, très savant.

Le superlatif de supériorité des adjectifs latins se forme à partir du radical de l'adjectif auquel on ajoute le **suffixe *-issim-*** et les **terminaisons** de ***bonus, a, um***.
Ex. : *doctus, a, um ; doctissimus, a, um.*

Il existe cependant des **irrégularités** :
- les adjectifs **en *-er*** *(pulcher, miser)* forment leur superlatif à l'aide du suffixe ***-errim-*** et des terminaisons de *bonus, a, um.*
Ex. : *pulcher : pulcherrimus, a, um.*
- les adjectifs **en *-ilis*** *(facilis, e)* forment leur superlatif à l'aide du suffixe ***-illim*** et des terminaisons de *bonus, a, um.*
Ex. : *facilis, e ; facillimus, a, um.*
- les **adjectifs qui changent de forme** :

Adjectifs	Superlatifs
Bonus, a, um : bon	*Optimus, a, um* : très bon
Malus, a, um : mauvais	*Pessimus, a, um* : très mauvais
Parvus, a, um : petit	*Minimus, a, um* : très petit
Magnus, a, um : grand	*Maximus, a, um* : très grand
Multi, ae, a : nombreux	*Plurimi, ae, a* : très nombreux
Propinquus, a, um : proche	*Proximus, a, um* : très proche

Le complément du superlatif se met au **génitif** ou à l'**ablatif précédé de *e* ou *ex***.
Ex. : *altissima arborum* ou *ex arboribus*. Le plus haut des arbres.

Le superlatif peut également être employé **sans complément**.
Ex. : *Clarissimus orator fuit.* Il fut un orateur très célèbre.
Clarissimus orator dives est. L'orateur le plus célèbre est riche.

JE VÉRIFIE

	vrai	faux
1. Tous les superlatifs de supériorité se forment en *issimus*.	☐	☐
2. Le superlatif de *miser* est *miserissimus*.	☐	☐
3. Le complément du superlatif peut être au génitif ou à l'ablatif.	☐	☐

1. faux – 2. faux (*miserrimus*) – 3. vrai.

JE M'ENTRAÎNE

1 Relie chaque nom ou chaque GN à son superlatif puis traduis l'expression obtenue.

1. consulis filia •	• maximam ....
2. urbem •	• fortissimo ....
3. civibus •	• clarissimi ....
4. duce •	• prudentissimus ....
5. pater •	• plurimis ....
6. regis •	• pulcherrima ....

2 Traduis les phrases suivantes.

1. Apollinis templum pulcherrimum operum est.
2. Haec altissima arborum erat.
3. Hic populus fortissimus omnium fuit.

3 Complète le texte suivant à l'aide des adjectifs au superlatif qui conviennent.

« *Omne hoc tempus inter pugillares ac libellos* .... *quiete transmisi.(…) Per hos dies alii* .... *occupationibus perdunt.* »	« Tous ces derniers jours je les ai passés entre mes tablettes et mes livres dans le repos le plus agréable. (…) Durant ces jours d'autres se perdent dans des occupations des plus oiseuses. » Pline le Jeune, *Lettres*, IX, 6

Corrigés des exercices page 186

31 LE PARTICIPE PRÉSENT

JE RETIENS

Le participe présent se forme sur le radical du présent.

1re conjugaison : ***vocans, vocantis***

2e conjugaison : ***habens, habentis***

3e conjugaison : ***dicens, dicentis***

3e conjugaison mixte : ***capiens, capientis***

4e conjugaison : ***audiens, audientis***

Ses terminaisons sont celles des **adjectifs de la 2e classe** (type *ingens*).

	Masculin Féminin	**Masculin Féminin**	**Neutre**	**Neutre**
	singulier	*pluriel*	*singulier*	*pluriel*
N.	Vocans	Vocantes	Vocans	Vocantia
V.	Vocans	Vocantes	Vocans	Vocantia
Acc.	Vocantem	Vocantes	Vocans	Vocantia
G.	Vocantis	Vocantium	Vocantis	Vocantium
D.	Vocanti	Vocantibus	Vocanti	Vocantibus
Abl.	Vocante	Vocantibus	Vocanti	Vocantibus

Le participe présent s'accorde en genre, en nombre et en cas avec le nom auquel il se rapporte.

Ex. : *puer* ***legens*** : l'enfant lisant ; *pueri* ***legentes*** : les enfants lisant.

Le participe présent se traduit en français par un participe présent ou une subordonnée relative.

Ex. : *pueri* ***legentes*** : les enfants qui lisent.

Le participe présent peut aussi faire partie d'un ablatif absolu et être complément circonstanciel.

Ex. : *pueris* ***legentibus*** : comme les enfants lisaient, quand les enfants lisaient.

JE VÉRIFIE

	vrai	faux
1. Le participe présent est invariable.	☐	☐
2. Le suffixe de formation des participes des verbes de la 1re conjugaison est *-ens, -entis*.	☐	☐

1. faux – 2. faux.

JE M'ENTRAÎNE

1 Complète le tableau suivant.

Verbes	Formes demandées	Participes traduits
Cado, is, ere, cecidi, casum : tomber	a) N. M. plur. b) Acc. neutre plur.	a) .... b) ....
Aspicio, is, ere, -spexi, -spectum : regarder, examiner	a) G. M. plur. b) Abl. neutre sing.	a) .... b) ....
Claudo, is, ere, clausi, clausum : fermer	a) D. F. plur. b) N. neutre sing.	a) .... b) ....

2 Replace les participes présents suivants dans les phrases : *tacentes (taceo, es, ere* : se taire*) ; interroganti ; laborantes, currens.*

1. Venio .... in templo.
2. Magister discipulos .... amat.
3. Amicus meus fratri .... respondet.
4. Dominus servos .... in agris aspicit.

3 Traduis les phrases suivantes.

1. Patronus clienti eum interroganti respondet.
2. Servis convivium (*convivium, ii,* n : le banquet) parantibus (*paro, as, are, avi, atum* : préparer ; ablatif absolu), dominus ad cenam amicos vocabat (*ad cenam vocare* : inviter à dîner).
3. Discipuli magistrum docentem (*doceo, es, ere, ui, itum* : enseigner) audiunt.

Corrigés des exercices page 187

32 L'ABLATIF ABSOLU

JE RETIENS

▮ L'ablatif absolu est une construction formée d'un **participe parfait passif** (pour la formation du participe parfait passif se reporter à la fiche 14) ou d'un **participe présent actif à l'ablatif, précédés d'un nom ou d'un pronom à l'ablatif également**.

L'ablatif absolu équivaut à une proposition subordonnée circonstancielle.

On peut le traduire de différentes manières en français.

Ex. : *duce victo* : le chef ayant été vaincu, lorsque le chef fut vaincu (CC de temps), comme le chef avait été vaincu (CC de cause), après la défaite du chef.

Ex. : *romulo regnante* : Romulus régnant, alors que Romulus régnait, sous le règne de Romulus.

▮ **Remarque :** l'ablatif absolu peut ne pas contenir de participe lorsqu'il s'agit du participe présent du verbe *être*.

Ex. : *Cicerone consule* : Cicéron (étant) consul, durant le consulat de Cicéron.

JE VÉRIFIE

	vrai	faux
1. L'ablatif absolu contient généralement un verbe au participe.	☐	☐
2. Le sujet de ce participe est au nominatif.	☐	☐

1. vrai – 2. faux.

Je m'entraîne

1 Construis cinq ablatifs absolus en choisissant un nom accordé à un participe dans la liste suivante :

agricola – datis – perdita (*perdo, is, ere, perdidi, perditum* : perdre) – Majoribus (Majores, rum : les Anciens) – laborante – dolore (*dolor, doloris*, f : douleur) – quiescentibus (*quiesco, is, ere, quievi, quietum* : se reposer) – ostenta – praemiis (*praemium, ii*, n : récompense) – fortuna.

1. .... 3. .... 5. ....
2. .... 4. ....

2 Traduis de deux façons différentes les expressions de l'exercice.

1. .... 3. .... 5. ....
2. .... 4. ....

3 Traduis le passage en latin dans le texte suivant.

« Lorsque les Gaulois firent un assaut contre Rome, le Sénat resta dans la ville, mais les Vestales durent fuir, parce qu'elles devaient sauver le feu de la cité. *Vestalibus autem viam ad Janiculum ducentem ascendere incipientibus, Lucius Albanus, plaustro conjugem ac liberos vehens tale consilium cepit.* À la place de sa femme et de ses enfants, il installa les Vestales et le feu de la cité dans son chariot et les conduisit à Caere. »

D'après Valère-Maxime.

Lexique : *Vestales, ium*, f plur. : les Vestales, prêtresses de Vesta et gardiennes du feu sacré de la cité ; *autem* : or, mais ; *Janiculum, i*, n : le Janicule, l'une des sept collines de Rome ; *ascendo, is, ere, ascendi, ascensum* : monter ; *incipio, is, ere, incepi, inceptum* : commencer ; *lucius Albanus* : Lucius Albanus (un Romain) ; *plaustrum, i*, n : le chariot ; *talis, e* : tel, de ce genre, de cette nature.

Corrigés des exercices page 187

33 LES PRONOMS PERSONNELS

JE RETIENS

▮ En latin, la personne du verbe est indiquée par la **désinence personnelle**. Si l'on utilise les pronoms personnels de la 1re et de la 2e personne, c'est pour **insister** sur la personne.
Ex. : *laboro* : je travaille ; ***ego*** *laboro* : **moi** je travaille.
Lorsqu'on s'adresse à quelqu'un, on **tutoie** son **interlocuteur** dans la langue latine.

▮ Les pronoms personnels se déclinent.

	Singulier	Singulier	Singulier	Pluriel	Pluriel	Pluriel
	1re personne	2e personne	3e personne	1re personne	2e personne	3e personne
N.	Ego	Tu		Nos	Vos	
V.	Ego	Tu		Nos	Vos	
Acc.	Me	Te	Se	Nos	Vos	Se
G.	Mei	Tui	Sui	Nostrum	Vestrum	Sui
D.	Mihi	Tibi	Sibi	Nobis	Vobis	Sibi
Abl.	Me	Te	Se	Nobis	Vobis	Se

▮ Le pronom personnel de 3e personne est un **pronom réfléchi** : il renvoie toujours au **sujet** de la **proposition**.
Ex. : ***Se*** *gaudet* (*gaudeo, es, ere, gavisus sum* : se réjouir, éprouver de la joie) : Il **se** réjouit.
Sibi imperat : Il a de l'empire sur **lui-même.**
Pour les autres cas, on emploiera un autre pronom.

JE VÉRIFIE

	vrai	faux
1. L'usage, en latin, est de vouvoyer son interlocuteur.	☐	☐
2. Les pronoms personnels sujets permettent d'insister sur la personne.	☐	☐

1. faux – 2. vrai.

1 **Devant chaque forme verbale, place le pronom personnel d'insistance qui convient en t'aidant de la personne du verbe.**
(Ex. : .... *laboro* : je travaille ; *ego laboro* : moi, je travaille).

1. .... video.
2. .... laboras.
3. .... amamus.
4. .... laudatis.

2 **Traduis les phrases suivantes en t'aidant des notes.**

1. Se laudat ....
2. Sibi laborat ....
3. Servus te juvat[1] ....
4. Dux nobis imperat ....
5. Vestrum memini[2] ....
6. Magister vos docet[3] ....

3 **En t'aidant de la traduction, mets le pronom personnel de 1re personne du singulier au bon cas selon sa fonction dans les phrases du texte suivant.**

« *C. Plinius Fabio Justo suo s.* *Olim* .... *nullas epistulas mittis.* (...) « *Si vales, bene est ;* .... *valeo* ». *Hoc* .... *sufficit ; est enim maximum. Ludere* .... (le « je » est ici sujet de la proposition infinitive latine et se met à l'accusatif) *putas ?* »	« C. Pline à son cher Fabius Justus. Depuis longtemps tu ne m'envoies plus aucune lettre. (...) « Si tu vas bien, c'est parfait ; moi, je vais bien. » Cela me suffit ; car c'est le principal. Tu crois que je plaisante ? » Pline le Jeune, *Lettres*, I, 11

1. *Juvo, as, are, juvi, jutum* : aider, être utile, servir.
2. *Memini, meminisse* + G. : se souvenir de.
3. *Doceo, es, ere, ui, tum* : enseigner, instruire.

Corrigés des exercices page 187

34 LE PRONOM-ADJECTIF *IS, EA, ID*

JE RETIENS

▮ Le pronom-adjectif *is, ea, id* sert à rappeler une chose ou un être déjà connus ou mentionnés dans le contexte.
Ex. : *Servus in horto laborat ; **eum** vidi.* L'esclave travaille dans le jardin, je **l'**ai vu.
Il peut également avoir une valeur démonstrative atténuée.

▮ Il se décline en genre, en nombre et en cas ; il s'accorde avec le nom qu'il complète (s'il est adjectif) ou avec le nom qu'il remplace (s'il est pronom).
Ex. : *Eum librum lego.* Je lis ce livre.
Amica domi est ; eam audis : ton amie est dans la maison ; tu l'entends.

	Masculin	**Masculin**	**Féminin**	**Féminin**	**Neutre**	**Neutre**
	singulier	*pluriel*	*singulier*	*pluriel*	*singulier*	*pluriel*
N.	Is	Ei	Ea	Eae	Id	Ea
V.	Is	Ei	Ea	Eae	Id	Ea
Acc.	Eum	Eos	Eam	Eas	Id	Ea
G.	Ejus	Eorum	Ejus	Earum	Ejus	Eorum
D.	Ei	Eis *ou* iis	Ei	Eis *ou* iis	Ei	Eis
Abl.	Eo	Eis *ou* iis	Ea	Eis *ou* iis	Eo	Eis

▮ Le pronom ***is, ea, id*** peut remplacer un pronom personnel de la 3e personne. Dans ce cas-là, il renvoie à une **autre personne que le sujet** du verbe de la proposition ; il n'est donc **pas réfléchi**.
Ex. : *Pater filios suos ad **se** vocat :* Le père appelle ses fils à **lui** (« lui » renvoie au père, donc au sujet ; on emploie le pronom personnel réfléchi).
*Ad **eum** veniunt :* Ils viennent à **lui** [« lui » ne renvoie pas au sujet « ils » (les fils) mais à une autre personne (le père) ; on n'emploie donc pas le pronom réfléchi, on emploie ***is*** que l'on accorde avec son antécédent.].

Je vérifie

	vrai	faux
1. La forme *ejus* s'emploie aux trois genres.	☐	☐
2. Dans la phrase « il le voit », « le » se traduit par *eum* en latin.	☐	☐

1. vrai – 2. vrai.

Je m'entraîne

1 Complète les cases en gris du tableau suivant.

Expressions	Cette larme	Cet œil	Ce banquet	Ces travaux	Ces vêtements	Ces cavaliers
Traduction	Ea lacrima (lacrima, ae, f)	Is oculus (oculus, i, m)	Id convivium (convivium, ii, n)	Is labor (labor, oris, m)	Ea vestis (vestis, is, f)	Is eques (eques, itis, m)
N.						
V.						
Acc.						
G.						
D.						
Abl.						

2 Réponds en latin aux questions suivantes en remplaçant le groupe nominal par le pronom *is, ea, id* correctement accordé avec le nom qu'il remplace.

1. Videsne templum ? ....
2. Legistisne eos libros ? ....
3. Accipisne consulis litteras ? ....
4. Pugnantne milites ? ....

Corrigés des exercices page 187

35 L'EXPRESSION DE LA POSSESSION

JE RETIENS

▮ Pour exprimer la possession en latin, on peut, comme en français, employer des **adjectifs** ou des **pronoms possessifs** :

– ***meus, mea, meum*** (mon, ma, le mien, la mienne) ; ***noster, nostra, nostrum*** (notre, le nôtre, la nôtre) ; ***tuus, tua, tuum*** (ton, ta, le tien, la tienne) ; ***vester, vestra, vestrum*** (votre, le vôtre, la vôtre) ; ***suus, sua, suum*** (son, sa, le sien, la sienne, leur, le leur, la leur).

• Ils se déclinent sur le modèle des **adjectifs de la 1re classe** : *meus* se décline sur le modèle de *bonus ; vester* se décline sur le modèle de *pulcher*.

• **Attention :** le vocatif de *meus* est ***mi***.

• L'adjectif possessif de la 3e personne s'emploie lorsque le **possesseur** est **sujet de la proposition.**

Ex. : *Discipulus opera* ***sua*** *laudat*. L'élève loue **ses propres** œuvres.

• Si **le possesseur n'est pas le sujet de la proposition**, on emploie, pour exprimer l'idée de possession, le **génitif du pronom de rappel *is, ea, id***.

Ex. : *Discipulus laborat, magister* ***ejus*** *opera laudat.* L'élève travaille, le maître loue **ses** œuvres (les œuvres de celui-ci, de l'élève).

Discipuli laborant, magister ***eorum*** *opera laudat.* Les élèves travaillent, le maître loue **leurs** œuvres.

• Il faut être attentif à l'emploi et au sens de ces pronoms-adjectifs.

Ex. : *Pater filios* ***suos*** *amat sed* ***eorum*** *vitia reprehendit.* Le père aime **ses** fils (les siens) mais il leur reproche **leurs** défauts (ceux des enfants).

▮ Pour exprimer la possession, on peut également employer la tournure latine : ***sum, es, esse*** **+ datif** que l'on traduira en français par le verbe avoir.

Ex. : ***Mihi sunt*** *multi amici.* J'ai de nombreux amis (mot à mot : de nombreux amis sont à moi).

Je vérifie

	vrai	faux
1. À la 3e personne, si le possesseur est le sujet du verbe, j'emploie *suus, a, um*.	☐	☐
2. Le verbe *être* accompagné du génitif permet de traduire la possession.	☐	☐

1. vrai – 2. faux.

Je m'entraîne

1 Pour traduire le mot souligné en latin, emploierais-tu un adjectif possessif latin (AP) ou le pronom de rappel *is, ea, id* (PR) ?

1. Le maître admire <u>ses</u> (……) beaux livres. 2. Les servantes donnent à <u>leurs</u> (……) maîtresses <u>leurs</u> (……) parures de matrones. 3. Le maître est cruel avec <u>son</u> (……) esclave, aussi ce dernier <u>le</u> (……) craint énormément.

2 Place les formes suivantes dans les phrases : *earum, ejus, sua, meus, suo, sibi,* puis traduis.

1. Servi non………. sed domino……… laborant. 2. Amicus………… domi est, ……. vocem audio. 3. Pecunia…….. domum emit (*emo, is, ere :* acheter). 4. Ancillae in horto sunt, voces………. dominus audit.

3 Traduis le poème suivant (extrait des *Poésies* de Catulle, poète latin).

« Passer[1] mortuus est meae puellae,
Passer deliciae[2] meae puellae,
Quem plus[3] illa oculis suis amabat ;
Nam mellitus[4] erat suamque norat[5]
Ipsam tam bene quam[6] puella matrem (…).
At vobis male sit[7], malae tenebrae
(…) quae omnia bella devoratis[8] ;
Tam bellum mihi passerem abstulistis[9]. »

1. *passer, eris,* m : moineau. – 2. *deliciae, arum,* f : délices (apposition à *passer*). – 3. *plus* + abl. : plus que. – 4. *mellitus, a, um :* doux comme le miel. – 5. *norat :* connaissait ; construire *norat suam* (sous-entendre : maîtresse) *ipsam* (elle même). – 6. *tam bene quam :* aussi bien que + sous-entendre à nouveau le verbe *norat*. – 7. *male sit :* que le mal soit. – 8. *devoro, as are :* dévorer (sujet : *quae*). – 9. *aufero, auferre, abstuli :* emporter.

Corrigés des exercices page 187

36 LES PRONOMS-ADJECTIFS DÉMONSTRATIFS

JE RETIENS

▮ Les démonstratifs s'emploient comme pronoms et comme adjectifs.

• ***hic, haec, hoc*** (celui-ci) : démonstratif de la 1re personne qui désigne ce qui est proche de celui qui parle, dans l'espace ou dans le temps.

• ***iste, ista, istud*** (celui-là) : démonstratif de la 2e personne qui peut, de par son usage fréquent dans les plaidoiries pour désigner un adversaire, prendre un sens péjoratif ; *iste :* cet individu, ce triste personnage.

	M. sing.	M. plur.	F. sing.	F. plur.	Neutre sing.	Neutre plur.
N. - V.	Iste	Isti	Ista	Istae	Istud	Ista
Acc.	Istum	Istos	Istam	Istas	Istud	Ista
G.	Istius	Istorum	Istius	Istarum	Istius	Istorum
D.	Isti	Istis	Isti	Istis	Isti	Istis
Abl.	Isto	Istis	Ista	Istis	Isto	Istis

• ***ille, illa, illud*** (celui-là) : démonstratif de la 3e personne qui se rapporte à celui dont on parle ou dont on est éloigné dans le temps ou dans l'espace : ***hoc** anno :* **cette** année-**ci** ; ***illo** tempore :* en **ce** temps-**là.**

Cas particuliers : quand *hic* et *ille* s'opposent dans une phrase, *hic* désigne le plus proche, *ille* le plus éloigné.

Ex. : ***Romani** cum **Gallis** pugnaverunt ; **hi** victi sunt, **illi** oppidum expugnaverunt.* Les Romains combattirent contre les Gaulois ; ceux-ci (les Gaulois) furent vaincus, ceux-là (les Romains) prirent la ville d'assaut.

• Le démonstratif de rappel est : ***is, ea, id.***

• Les démonstratifs qui permettent d'insister sur ce dont on parle sont : ***ipse, ipsa, ipsum*** (même) et ***idem, eadem, idem*** (le même).

JE VÉRIFIE

	vrai	faux
1. Le démonstratif *hic* indique la proximité.	☐	☐
2. Pour marquer une idée péjorative, j'emploie le démonstratif *ille*.	☐	☐

1. vrai – 2. faux.

JE M'ENTRAÎNE

1 Complète les expressions suivantes avec le démonstratif qui convient.

1. .... domus in qua vivimus magna est. 2. .... librum legis, ... librum legisti. 3. .... semper laborant, ... numquam.

2 Dans le texte suivant, relève tous les adjectifs ou pronoms démonstratifs et analyse chacun d'eux (genre, nombre, cas).

Cicéron doit défendre son ami Milon accusé d'avoir tué Clodius. Les deux hommes s'étaient rencontrés sur la voie Appienne ; à l'issue de l'affrontement, Clodius a été tué sans que l'on sache précisément par qui. Dans ce discours, Cicéron veut montrer que Clodius avait prémédité le meurtre et que Milon était par conséquent en état de légitime défense.

« Obviam fit ei Clodius expeditus, in equo, nulla raeda (chariot), sine uxore, cum insidiator qui iter illud ad caedem faciendam apparasset, cum uxore veheretur in raeda. Fit obviam Clodio ante fundum ejus ; statim complures cum telis in hunc faciunt impetum adversi, raedarium occidunt. Cum autem hic de raeda rejecta paenula desilvisset seque acri animo defenderet, illi qui erant cum Clodio, gladiis eductis partim recurre raedam, ut a tergo adorirentur Milonem, partim quod hunc jam interfectum putarent, caedere incipiunt ejus servos qui post erant. (...) Ex quibus partim occisi sunt, partim, cum Milonem occisum ex ipso Clodio audirent, id fecerunt. »

....

....

....

3 Réponds aux questions sur le texte.

1. Relève dans la première phrase deux couples de mots qui s'opposent.
2. Ce discours a été prononcé lors du procès de Milon. Par quel(s) démonstratif(s) ce dernier est-il désigné dans la plaidoirie de Cicéron ? Pourquoi ?

Corrigés des exercices page 188

37 LES PRONOMS RELATIFS

JE RETIENS

Le pronom relatif latin remplace, comme en français, un nom qui est son **antécédent**. Ex. : Les jeunes filles (antécédent) à qui je m'adresse (prop. sub. relative) sont très polies.
Il introduit la proposition subordonnée relative et occupe une fonction dans cette subordonnée ; il s'accorde donc en genre et en nombre avec son antécédent, et en cas suivant sa fonction.

	M. sing.	M. plur.	F. sing.	F. plur.	Neutre sing.	Neutre plur.
N. - V.	Qui	Qui	Quae	Quae	Quod	Quae
Acc.	Quem	Quos	Quam	Quas	Quod	Quae
G.	Cujus	Quorum	Cujus	Quarum	Cujus	Quorum
D.	Cui	Quibus	Quae	Quibus	Cui	Quibus
Abl.	Quo	Quibus	Qua	Quibus	Quo	Quibus

• Le pronom de rappel ***is, ea, id*** peut servir d'antécédent au pronom relatif.
Ex. : **Celui** que je vois : ***is** quem video.*
Parfois, le pronom relatif s'emploie sans antécédent.
Ex. : **Ceux** qui sont venus : ***(ii) qui** veniunt.*
• Le pronom relatif peut avoir en latin un emploi particulier en tant que **relatif de liaison** : dans ce cas, il remplace un pronom-adjectif démonstratif ou souvent le pronom-adjectif ***is, ea, id*** accompagné d'une conjonction de coordination. Il sert ainsi à lier deux phrases.
Ex. : *Ad te scripsi. **Quas** litteras non accepisti.* Je t'ai écrit. **Mais** tu n'as pas reçu **cette** lettre.

JE VÉRIFIE

	vrai	faux
1. Le pronom relatif latin ne peut être employé sans antécédent.	☐	☐
2. Le pronom relatif s'accorde en genre et en nombre avec son antécédent.	☐	☐

1. faux – 2. vrai.

Je m'entraîne

1 1. En t'aidant de la traduction, place les propositions subordonnées relatives à l'endroit qui convient dans le texte suivant : *quam conspexerunt – qui plurimos ex his interfecerunt – quae « alces » appellantur – qui uri appellantur.*

« Sunt item ………………… . […] Tertium est genus eorum ………………… . Hi sunt magnitudine paulo infra elephantos, specie et colore tauri. Magna vis eorum est et magna velocitas, neque homini neque ferae ………………… parcunt. Et …………………, in publicum cornibus magnam ferunt laudem. »	« Il y a aussi les animaux qu'on appelle alcès. […] Une troisième espèce est celle que l'on appelle aurochs. Ceux-ci sont par leur taille un peu en dessous des éléphants ; ils ont l'aspect et la couleur du taureau. Leur force est grande, leur vélocité est grande, et ils n'épargnent ni l'homme ni l'animal qu'ils ont aperçu. (…) Et ceux qui ont tué le plus grand nombre de ces animaux, après avoir rapporté les cornes pour être exposées en public, obtiennent une grande gloire. » César, *La Guerre des Gaules*, VI, 27, 28

2. Quelle remarque peux-tu faire sur l'emploi de « quae » dans la proposition « quae appellantur alces » ?
3. Quelle remarque peux-tu faire sur l'emploi de « qui » dans la proposition « qui plurimos ex his interfecerunt » ?

2 1. En t'aidant de la traduction, relève les pronoms relatifs dans le texte suivant et indique, pour chacun d'eux, son antécédent et sa fonction dans la proposition subordonnée relative.

« Tum Cethegus, qui paulo ante aliquid tamen de gladiis et sicis, quae apud ipsum erant deprensae, respondisset […] repente conticuit. […] Est vero, inquam, notum quidem signum, imago avi tui, qui amavit patriam ; quae quidem te a tanto scelere etiam muta revocare debuit. »	« Alors, Cethegus, qui venait pourtant de trouver quelque chose à répondre à propos des épées et des poignards qui avaient été saisis chez lui […] se tut brusquement. […] Parfaitement, dis-je, c'est un sceau bien connu ; c'est l'image de ton aïeul, qui aimait sa patrie ; c'est au moins cette image, même muette, qui aurait dû t'empêcher de commettre un si grand crime. » Cicéron, *Catilinaires*, III, 10

2. Quelle remarque peux-tu faire sur l'emploi du deuxième *quae* ?

Corrigés des exercices page 188

38 LE PRÉSENT DE L'INDICATIF : CONJUGAISON ET VALEURS

JE RETIENS

▌Le présent de l'indicatif se forme en ajoutant les désinences personnelles au radical du verbe.
Ex. : *voc-**o**, voc**a-s**, voc**a-t**, voc**a-mus**, voc**a-tis**, voc**a-nt***.

▌Les verbes latins sont répartis en **cinq modèles de conjugaison** selon la voyelle ou la consonne finale de leur radical.
Ex. : 1re conjugaison : radical en ***-a*** : *voco, as, are, avi, atum* : appeler ;
2e conjugaison : radical en ***-e*** : *habeo, es, ere, ui, itum* : avoir ;
3e conjugaison : radical terminé par une **consonne** : *dico, is, ere, dixi, dictum* : dire ;
3e conjugaison mixte : radical terminé par une consonne avec la voyelle ***-i*** dans presque toute la conjugaison : *capio, is, ere, cepi, captum* : prendre.
4e conjugaison : radical en ***-i*** : *audio, is, ire, ivi, itum* : écouter, entendre.
Les tableaux de la conjugaison du présent se trouvent dans la fiche 8.

▌Le présent de l'indicatif exprime une action qui se déroule au moment où l'on parle. Ex. : *in horto ambulo* : je me promène dans le jardin.

▌Le présent de l'indicatif peut exprimer une action qui dure.
Ex. : *Vivit Romae*. Il vit à Rome.

▌Le présent de l'indicatif peut exprimer une action qui est habituelle.
Ex. : *Romani ad thermas quotidie eunt.* Chaque jour, les Romains vont aux thermes.

▌Le présent de l'indicatif peut exprimer un fait toujours valable.
Ex. : *Vulnerant omnes (horae), ultima necat*. Toutes les heures blessent, la dernière tue (expression proverbiale trouvée sur un cadran solaire).

▌On peut trouver des présents de narration dans des récits au passé.
Ex. : *Vercingetorix Alesia exiit ; Caesari tradit, arma sua ante victorem jacit.* Vercingétorix quitta Alésia ; il se livre à César, jette ses armes aux pieds du vainqueur.

JE VÉRIFIE

	vrai	faux
1. On conjugue le présent à l'aide d'un suffixe.	□	□
2. Les verbes latins sont répartis en cinq conjugaisons.	□	□

1. faux – 2. vrai.

Je m'entraîne

1 Classe les verbes selon leur conjugaison.

1. *Cedo, is, ere, cessi, cessum :* marcher
2. *Nego, as, are, avi, atum :* dire que ne pas, nier
3. *Curro, is, ere, cucurri, cursum :* courir
4. *Certo, as, are, avi, atum :* lutter, combattre
5. *Perdo, is, ere, perdidi, perditum :* détruire, ruiner, anéantir
6. *Prohibeo, es, ere, ui, itum :* interdire
7. *Pervenio, is, ire, veni, ventum :* parvenir
8. *Valeo, es, ere, ui, itum :* être bien portant

2 Complète la traduction des phrases suivantes à l'aide du vocabulaire connu et indique la valeur des présents dans chacune d'entre elles.

1. In conviviis, canit et versus facit. → Dans les banquets, il .... et .... des vers.
2. Qui bene amat, bene castigat. → Qui .... bien, ... bien.
3. Per Galliam iter facit. → Il fait .... à travers ....
4. Erat bellum, milites fortiter pugnant. → C'était ...., les .... courageusement.

3 En t'aidant de la traduction, conjugue à la bonne personne les verbes du texte qui te sont indiqués dans le désordre.

Teneo, es, ere : tenir ; *devoco, as, are* : rappeler, faire descendre ; *findo, is, ere* : fendre, diviser ; *verto, is, ere* : changer, faire tourner ; *jubeo, es, ere* : ordonner ; *elicio, is, ere* : faire sortir.

« Fluminis haec rapidi carmine .... *iter,* *haec cantu* .... *que solum manesque sepulcris* .... *et tepido* .... *ossa rogo ;* *jam* .... *infernas magico* *stridore catervas,* *jam* .... *aspersas lacte* *referre pedem. »* Tibulle, *Élégies*, I, 2	« C'est elle qui par ses incantations détourne le cours d'un fleuve rapide, elle qui par son chant fait s'entrouvir le sol, sortir les Mânes de leur tombe et se lever les ossements du bûcher encore tiède. Tantôt, par son sifflement strident, elle retient auprès d'elle les troupes infernales ; tantôt, après les avoir aspergées de lait, elle leur ordonne de faire demi-tour. »

Corrigés des exercices page 188

39 L'IMPARFAIT DE L'INDICATIF : CONJUGAISON ET VALEURS

JE RETIENS

▮ L'imparfait de l'indicatif latin se reconnaît au **suffixe *-ba-***, utilisé pour toutes les conjugaisons, et aux **désinences personnelles** qui s'ajoutent au **radical du présent**.

• Modèles :

Voca, as, are, avi, atum : ***voca -ba-m, -s, -t, -mus, -tis, -nt.***
Habeo, es, ere, habui, habitum : ***habe-ba-m, -s, -t, -mus, -tis, -nt.***
Dico, is, ere, dixi, dictum : ***dice-ba-m, -s, -t, -mus, -tis, -nt.***
Capio, is, ere, cepi, captum : ***capie-ba-m, -s, -t, -mus, -tis, -nt.***
Audio, is, ire, ivi, itum : ***audie-ba-m, -s, -t, -mus, -tis, -nt.***

▮ L'imparfait, comme en français, a plusieurs valeurs.

• Il est employé dans les **descriptions** ou les **portraits.**

Ex. : « *Omnes quos conscius animus* ***exagitabat*** *Catilinae proxumi* ***erant.*** » (Salluste) : « Tous ceux qu'un esprit complice animait étaient les proches de Catilina. »

• Il peut marquer la **répétition** ou l'**habitude.**

Ex. : *Milites romani saepe* ***pugnabant.*** Les soldats romains combattaient souvent.

• Il désigne également une **action dans sa durée.**

Ex. : *Dum magister* ***legebat***, *servi* ***laborabant.*** Pendant que le maître lisait, les esclaves travaillaient.

JE VÉRIFIE

	vrai	faux
1. Dans un passage descriptif, j'emploie l'imparfait de l'indicatif en latin.	☐	☐
2. *Amabatis* se traduit par « tu aimais ».	☐	☐

1. vrai – 2. faux.

JE M'ENTRAÎNE

1 Les formes suivantes sont au présent ; mets-les à l'imparfait puis traduis-les.

1. Audiunt : ....
2. Legis : ....
3. Amamus : ....
4. Scribit : ....
5. Videtis : ....
6. Facio : ....

2 Traduis les phrases suivantes ; attention à bien respecter les cas.

1. Le père aimait ses fils auxquels il donnait souvent *(saepe)* des récompenses (*praemium*, *i*, n).

....

....

2. En effet *(enim)* les enfants travaillaient vaillamment *(fortiter)* dans les champs.

....

....

3 Complète la traduction du texte suivant.

Ne post multo illa nubes descendebat in terras, operiebat maria ; cingebat Capreas et abscondebat [...]. Audiebamus ululatus feminarum, infantium quiritatus, clamores virorum ; alii parentes, alii conjuges vocibus requirebant, vocibus noscitabant. Erant qui metu mortis mortem precarentur. D'après Pline Le Jeune *Lettres*, VI, XXV	Et peu de temps après, cette nuée .... sur les terres, ... les flots ; elle .... Capri et la .... les hurlements des femmes, les cris de terreur des enfants, les clameurs des hommes ; certains .... par la voix, d'autres .... à la voix leurs parents, leurs femmes. .... qui réclamaient la mort par peur de la mort.

Lexique : *descendo, is, ere :* descendre ; *operio, is, ire :* ouvrir ; *cingo, is, ere :* envelopper, entourer ; *abscondo, is, ere :* cacher ; *requiro, is, ere :* rechercher ; *noscito, as, are :* chercher à reconnaître.

Corrigés des exercices page 188

40 LE PARFAIT DE L'INDICATIF : CONJUGAISON ET VALEURS

JE RETIENS

▮ Le parfait de l'indicatif latin est la quatrième forme des temps primitifs
Ex. : *voco, as, are,* ***vocavi*** (1re personne du parfait), *vocatum.*

• Ainsi, le lexique ou le dictionnaire indique le radical du parfait : ***vocav* (radical) *-i* (désinence)**. Les temps formés à partir de ce radical appartiennent au système du ***perfectum***, alors que ceux formés sur le radical du présent appartiennent au système de l'***infectum***.

• Le parfait se caractérise par des désinences particulières, communes à tous les modèles de conjugaison :

-i, -isti, -it, -imus, -istis, -erunt.

▮ **Attention,** la 3e personne du pluriel peut se présenter avec la désinence *-ere*.
Ex. : *Laeti fuere* (= *fuerunt*). Ils furent heureux.

▮ Dans un récit au passé, le parfait indique une **action datée, précise**, comme le passé simple français.
Ex. : *Quievit.* Il se reposa.

▮ Il marque également une **action achevée**, comme le passé composé français ; ***perfectum*** en latin signifie d'ailleurs « achevé ».
Ex. : *Dominus servis pecuniam* ***dedit.*** Le maître a donné de l'argent à ses esclaves.

JE VÉRIFIE

	vrai	faux
1. La 3e personne du singulier peut avoir deux formes au parfait en latin.	☐	☐
2. Les désinences du parfait sont identiques à celles du présent.	☐	☐
3. Les temps formés sur le radical du parfait appartiennent au *perfectum.*	☐	☐

1. faux – 2. faux – 3. vrai.

1 **Conjugue les verbes suivants au parfait, aux 2e et 3e personnes du singulier et à la 3e personne du pluriel (deux formes).**

Verbes	2e pers. du sing.	3e pers. du sing.	1re pers. du plur.	3e pers. du plur.
Fugio, is, ere, fugi				
Pono, is, ere, posui				
Sto, as, are, steti				
Dico, is, ere, dixi				

2 **Lis attentivement le texte latin suivant puis complète la traduction proposée dans laquelle certains verbes ont été omis. Tu préciseras pour chacun d'eux son temps et sa valeur dans l'extrait.**

« Placuit[1] *egredi in litus et ex proximo adspicere, ecquid jam mare admitteret ; quod adhuc vastum et adversum permanebat*[2]*. Ibi super abjectum linteum recubans semel atque iterum frigidam poposcit*[3] *hausitque*[4]*. Deinde flammae alios in fugam vertunt*[5] *et illum excitant*[6]*. (…) »* Pline le Jeune, *Lettres*, VI (à propos de l'éruption du Vésuve et de la mort de son oncle Pline l'Ancien).	.... [...................................] d'aller sur le rivage et de voir de près s'il était maintenant possible de prendre la mer ; mais elle .... [...................................] grosse et redoutable. Là on étendit un linge sur lequel mon oncle se coucha ; il .... [............] de l'eau à plusieurs reprises et en .... [.........................]. Ensuite les flammes .... [...........................] à la fuite les autres et le .... [........................].

1. *placeo, es, ere, placui, placitum* : plaire, être agréable, paraître bon.
2. *permaneo, es, ere, permansi* : demeurer.
3. *posco, is, ere, poposci* : demander, réclamer, exiger.
4. *haurio, is, ire, hausi, haustum* : puiser, boire ; épuiser, consumer, détruire, dévorer.
5. *verto, is, ere, ti, sum* : pousser, tourner.
6. *excito, as, are, avi, atum* : exciter, réveiller.

Corrigés des exercices page 189

41 LE FUTUR SIMPLE DE L'INDICATIF : CONJUGAISON ET VALEURS

JE RETIENS

▪ Le futur de l'indicatif latin ne se forme pas de la même façon pour tous les verbes. Il faut donc être attentif aux temps primitifs du verbe pour le conjuguer au futur.

▪ Les verbes de la 1re conjugaison ***voco, as, are, avi, atum*** et les verbes de la 2e conjugaison ***habeo, es, ere, habui, habitum*** forment leur futur à partir du radical du présent auquel on ajoute le suffixe ***-bo-*** (1re personne du singulier) ***-bi-, -bu-*** (3e personne du pluriel) et les désinences personnelles.
Ex. : *amo, as, are* se conjugue ***amabo, amabis, amabunt.***

▪ Les verbes des 3e, 3e mixte et 4e conjugaisons forment leur futur à partir du radical du présent auquel on ajoute pour suffixe la voyelle ***a*** (1re personne du singulier) et ***e*** (autres personnes).
Ex. : *lego, is, ere* se conjugue ***legam, leges, legent***.
capio, is, ere se conjugue ***capiam, capies, capient***.

	1re conjugaison	**2e conjugaison**	**3e conjugaison**	**3e conjugaison**	**4e conjugaison**
Infinitif	***vocare*** appeler	***habere*** avoir	***dicere*** dire	***capere*** prendre	***audire*** entendre
Radical	**voca-**	**habe-**	**dic-**	**cap-**	**audi**
1re pers. sing.	Vocabo	Habebo	Dicam	Capiam	Audiam
2e pers. sing.	Vocabis	Habebis	Dices	Capies	Audies
3e pers. sing.	Vocabit	Habebit	Dicet	Capiet	Audiet
1re pers. plur.	Vocabimus	Habebimus	Dicemus	Capiemus	Audiemus
2e pers. plur.	Vocabitis	Habebitis	Dicetis	Capietis	Audietis
3e pers. plur.	Vocabunt	Habebunt	Dicent	Capient	Audient

▪ Le futur simple de l'indicatif permet d'évoquer une action qui ne s'est pas encore déroulée, qui appartient à un avenir plus ou moins proche.

Je vérifie

	vrai	faux
1. Le verbe *dormio, is, ire* se conjugue au futur à l'aide du suffixe *-bo-*, *-bi-*, *-bu-*.	☐	☐
2. Les verbes des 1re et 2e conjugaisons se conjuguent avec le même suffixe.	☐	☐

1. faux – 2. vrai.

Je m'entraîne

1 Complète le tableau suivant au futur.

Laboro, as, are : travailler	*Deleo, es, ere :* détruire	*Ago, is, ere :* faire, mener	*Facio, is, ere :* faire	*Venio, is, ire :* venir

2 Parmi ces verbes, certains sont au présent de l'indicatif, d'autres au futur. Classe-les puis indique pour chacun la forme qu'il aurait à l'autre temps.
Ex. : legit (présent) – leget (futur).

Mittit – vides – jubebit – ducemus – habemus – venietis – debetis – putabunt – fugiunt.

....

....

....

....

....

Corrigés des exercices page 189

42 LE PLUS-QUE-PARFAIT DE L'INDICATIF

JE RETIENS

▪ En français, le plus-que-parfait est formé d'un auxiliaire conjugué à l'imparfait et du participe passé du verbe. En latin, ce temps est formé à l'aide du **radical du parfait**, du suffixe *-era-* et des **désinences actives**.
Ex. : *amo*, *as*, *are*, *amavi* (1re personne du parfait à partir de laquelle je forme l'infinitif parfait : *amavisse*) formera le plus-que-parfait ainsi : *amav-era-m*, *amav-era-s*, etc.

	1re conjugaison	2e conjugaison	3e conjugaison	3e conjugaison	4e conjugaison
Infinitif	***vocare*** appeler	***habere*** avoir	***dicere*** dire	***capere*** prendre	***audire*** entendre
Radical du parfait	**vocav-**	**habu-**	**dix-**	**cep-**	**audiv-**
1re pers. sing.	Vocaveram	Habueram	Dixeram	Ceperam	Audiveram
2e pers. sing.	Vocaveras	Habueras	Dixeras	Ceperas	Audiveras
3e pers. sing.	Vocaverat	Habuerat	Dixerat	Ceperat	Audiverat
1re pers. plur.	Vocaveramus	Habueramus	Dixeramus	Ceperamus	Audiveramus
2e pers. plur.	Vocaveratis	Habueratis	Dixeratis	Ceperatis	Audiveratis
3e pers. plur.	Vocaverant	Habuerant	Dixerant	Ceperant	Audiverant

▪ En français comme en latin, le plus-que-parfait exprime **l'antériorité d'une action par rapport à une autre action passée**.
Ex. : Quand il avait fini son travail, il sortait.

JE VÉRIFIE

	vrai	faux
1. Pour former le plus-que-parfait, on utilise le radical du présent.	☐	☐
2. Pour former le plus-que-parfait, on utilise les mêmes désinences que pour le présent.	☐	☐

1. faux – 2. vrai.

JE M'ENTRAÎNE

1 Mets les formes verbales suivantes au plus-que-parfait en respectant les personnes.

1. Tradiderunt (*trado, is, ere, tradidi, traditum* : transmettre, livrer)
2. Aspicio (*aspicio, is, ere, aspexi, aspectum* : regarder, examiner)
3. Pellebas (*pello, is, ere, pepuli, pulsum* : remuer, repousser, chasser)
4. Invidebatis : (*invideo, es, ere, invidi, invisum* : jalouser, envier)

2 Traduis en latin les formes verbales et les conjonctions de subordination dans les expressions suivantes.

1. Quand j'avais arraché : ....
2. Après que tu avais montré : ....
3. Toutes les fois que nous avions décidé : ....
4. Lorqu'ils avaient marqué leur approbation : ....

Lexique :

Arracher : *eripio, is, ere, eripui, ereptum*
Toutes les fois que : *cum*
Décider : *decerno, is, ere, decrevi, decretum*
Après que : *postquam*
Marquer son approbation : *faveo, is, ere, favi, fautum*

3 En t'aidant de la traduction, conjugue et place correctement les verbes : *primo, is, ere, pressi, pressum* : charger, accabler ; *praebeo, es, ere, praebui, praebitum* : offrir ; *contemno, is, ere, contempsi, contemptum* : mépriser.

« *Nondum caerulas pinus* .... *undas, effusum ventis* .... *que sinum, nec vagus ignotis repetens* *compendia terris* .... *externa navita merce ratem.* »	« Le pin n'avait pas encore nargué les ondes azurées ni offert aux vents, une fois déployée, sa voile à gonfler ; aucun navigateur, errant en quête de gain sur des terres inconnues, n'avait chargé son vaisseau d'une marchandise étrangère. » Tibulle, *Élégies*, I, 3

Remarque : le plus-que-parfait est employé ici comme temps du passé sans référence à un autre temps du passé.

Corrigés des exercices page 189

43 LE FUTUR ANTÉRIEUR DE L'INDICATIF : CONJUGAISON ET VALEURS

JE RETIENS

▮ Le futur antérieur est formé en français d'un auxiliaire au futur et du participe passé du verbe : « Dès que tu **auras entendu** mes paroles, tu comprendras. »
En latin, le futur antérieur actif se forme sur le **radical du parfait** auquel on ajoute le **suffixe** *-er-* (1re personne) ou *-eri-* (autres personnes) et les **désinences actives** : *-o, -s, -t, -mus, -tis, -nt.*
Ex. : *amo, as, are, amavi, amatum* se conjuguera au futur antérieur : *amav-er-o, amav-eri-s*, etc.

	1re conjugaison	**2e conjugaison**	**3e conjugaison**	**3e conjugaison**	**4e conjugaison**
Infinitif	***vocare*** appeler	***habere*** avoir	***dicere*** dire	***capere*** prendre	***audire*** entendre
Radical	**vocav-**	**habu-**	**dix-**	**cep-**	**audiv-**
1re pers. sing.	Vocavero	Habuero	Dixero	Cepero	Audivero
2e pers. sing.	Vocaveris	Habueris	Dixeris	Ceperis	Audiveris
3e pers. sing.	Vocaverit	Habuerit	Dixerit	Ceperit	Audiverit
1re pers. plur.	Vocaverimus	Habuerimus	Dixerimus	Ceperimus	Audiverimus
2e pers. plur.	Vocaveritis	Habueritis	Dixeritis	Ceperitis	Audiveritis
3e pers. plur.	Vocaverint	Habuerint	Dixerint	Ceperint	Audiverint

▮ On emploie le futur antérieur pour exprimer l'antériorité d'une action terminée par rapport à une autre action future.
Ex. : *Cum discipuli domini verba* ***audiverint*** *abibunt.* Lorsque les élèves **auront entendu** les paroles du maître, ils partiront.

JE VÉRIFIE

	vrai	faux
1. On forme le futur antérieur latin à l'aide de l'auxiliaire *avoir*.	☐	☐
2. Les terminaisons du futur antérieur sont toutes identiques à celles du plus-que-parfait.	☐	☐

1. faux – 2. faux.

JE M'ENTRAÎNE

1 Mets les verbes suivants à la 3e personne du singulier et du pluriel du futur antérieur.

1. *traho, is, ere, traxi, tractum* : tirer .... ;
2. *statuo, is, ere, statui, statum* : décider, établir .... ;
3. *nescio, is, ire, nescivi, nescitum* : ne pas savoir .... ;
4. *doleo, es, ere, dolui, dolitum* : souffrir .... ;
5. *diligo, is, ere, dilexi, dilectum* : choisir, honorer, aimer .... ;
6. *existimo, as, are, existimavi, atum* : juger, penser ....

2 Selon le sens de la phrase, mets les verbes entre parenthèses au futur antérieur ou au plus-que-parfait, puis traduis chaque phrase ainsi complétée.

1. Populus romanus Caesarem qui Gallos (*vinco, is, ere, vici, victum* : vaincre) .... laudabat.

....

2. Cum linguam graecam (*disco, is, ere, didici* : apprendre) .... doctus eris.

....

3. Domus quam pater familias (*condo, is, ere, condidi, conditum* : construire) .... parva erat.

....

4. Homines non semper vivent ut majores eorum (*vivo, is, ere, vixi, victum* : vivre) ....

Corrigés des exercices page 189

44 LE PRÉSENT DE L'INDICATIF PASSIF

JE RETIENS

■ En latin, le présent de l'indicatif passif se forme en ajoutant de nouvelles désinences au radical du présent des verbes :
-or, -r/-ris, -tur, -mur, -mini, -ntur.

• Pour les tableaux de conjugaison, reportez-vous à la fiche 18.
Devant *-ris*, le *i* devient *e*.
Ex : *dicitur* mais *diceris*.

■ Le complément d'agent du verbe passif se met à l'ablatif sans préposition pour les êtres inanimés et à l'ablatif précédé de la préposition *a* ou *ab* (devant une voyelle) pour les personnes.
Ex. : *Filius* ***a patre*** *amatur*. Le fils est aimé **par le père**.

A : *Atrium* (cour intérieure)
P : *Peristylum* (péristyle, jardin à colonnade)
T : *Tablinum* (bureau)
C : *Cubiculum* (chambre à coucher)

JE VÉRIFIE

	vrai	faux
1. *Mur* est la désinence de la 1re personne du pluriel du passif.	☐	☐
2. Le complément d'agent se met au génitif.	☐	☐

1. vrai – 2. faux.

1 Mets les formes verbales suivantes au présent passif en conservant la personne.

1. Audis (tu entends) ....
2. Cogimus (nous rassemblons) ....
3. Terretis (vous épouvantez) ....
4. Paret (il obéit) ....
5. Habeo (j'ai) ....
6. Vetimus (nous interdisons) ....

2 Conjugue les verbes du texte latin ci-dessous au présent passif en suivant les instructions données.

« *Nam, si quis minorem gloriae fructum putat ex Graecis versibus percipi quam ex Latinis, vehementer errat, propterea quod Graeca (lego,* 3e pers. du plur.*)* .... *in omnibus fere gentibus, Latina suis finibus, exiguis sane (contineo, es, ere, tinui, tentum :* maintenir, contenir, 3e pers. du plur.*)* ....
Quare, si res eae quas gessimus orbis terrae regionibus (definio, is, ire, ivi ou *ii, itum :* délimiter, établir, 3e pers. du plur.*)* ...., *cupere debemus, quo minus manuum nostrarum tela pervenerint, eamdem gloriam famamque penetrare, quod cum ipsis populis, de quorum rebus (scribo,* 3e pers. du sing.*)* .... *haec ampla sunt* … »

« En effet, quiconque pense que les fruits de la gloire se recueillent moins des vers grecs que des vers latins est dans une grande erreur, parce qu'on lit le grec dans tous les pays, tandis que le latin reste confiné à ses propres frontières, assurément restreintes. C'est pourquoi, si ces hauts faits que nous avons entrepris n'ont pas d'autres bornes que les limites du monde, nous devons souhaiter que, dans les contrées où les traits de nos armées sont moins parvenus, notre gloire et notre réputation pénètrent tout autant : d'une part parce que pour les peuples même dont on écrit l'histoire, cela est important… »

Cicéron, *Pro Archia*, 22-24

Corrigés des exercices page 190

45 Le parfait et le plus-que-parfait passifs

Je retiens

Le parfait passif correspond à deux temps en français : le passé composé passif et le passé simple passif.

- On forme le **parfait passif** en utilisant **le participe parfait passif du verbe et le présent de l'indicatif de l'auxiliaire *être***.
- On forme le **plus-que-parfait passif** en utilisant **le participe parfait passif du verbe et l'imparfait de l'indicatif de l'auxiliaire *être***.
- Il faut faire attention à **accorder le participe en genre et en nombre** comme un adjectif.

Ex. : *vocatus sum :* j'ai été appelé ; *vocati sumus* : nous avons été appelés (si « je » ou « nous » désigne un nom masculin).
vocata sum : j'ai été appelée ; *vocatae sumus* : nous avons été appelées (si « je » ou « nous » désigne un nom féminin).
vocatum sum : j'ai été appelé ; *vocata sumus* : nous avons été appelés (si « je » ou « nous » désigne un nom neutre).
vocatus eram : j'avais été appelé…

Je vérifie

	vrai	faux
1. Le parfait passif se forme en utilisant le participe présent du verbe.	☐	☐
2. Le plus-que-parfait passif se forme en utilisant l'imparfait de l'auxiliaire *être*.	☐	☐

1. faux – 2. vrai.

Je m'entraîne

1 Traduis les formes verbales suivantes.

1. J'ai été écouté.
2. Tu fus reçue.
3. Il a été choisi (*eligo, is, ere, elegi, electum* : choisir, élire).
4. Nous avions été désirés (*cupio, is, ere, cupii, cupitum* : désirer).
5. Vous aviez été données.
6. On vit (on emploie le neutre singulier du participe et la 3e personne du singulier de l'auxiliaire *être* pour traduire ce passif impersonnel).

2 Mets les phrases suivantes au passif.

1. Judices rem judicaverunt. (*judex, icis*, m : le juge ; *rem* : au nominatif singulier *res*, à traduire par « l'affaire » ; *judico, as, are, avi, atum* : juger).
2. Princeps milites duxerat.
3. Filius parentes curru vexit. (*parens, entis*, m ou f : le parent ; *currus, us*, m : le char ; *veho, is, ere, vexi, vectum* : transporter).
4. Falernum te delectat. (*Falernum, i*, n : le Falerne, vin réputé du sud de l'Italie ; *delecto, as, are, avi, atum* : charmer).

3 Traduis les formes verbales du texte suivant en t'aidant des deux traductions (l'une mot à mot, et l'autre plus élaborée).

« Cum haec clades *........................., jam* *C. Horatius et T. Menenius* *consules erant. Menenius* *adversus Tuscos victoria* *elatos confestim* *.........................* *Tum quoque male* *.........................,* *Et Janiculum hostes occupa-* *vere. »*	« Quand cette défaite fut subie, Gaius Horatius et Titus Ménénius étaient déjà consuls. Ménénius fut aussitôt envoyé contre les Étrusques, exaltés par leur victoire. Cette fois encore, on combattit mal, et les ennemis occupèrent le Janicule. »	« Au moment de ce désastre, Gaius Horatius et Titus Ménénius étaient déjà consuls. On se hâta d'envoyer Ménénius contre les Étrusques, exaltés par leur victoire. Cette fois encore, l'expédition fut malheureuse et l'ennemi occupa le Janicule. » Tite-Live, *Histoire romaine*, II, LI

Il faut traduire « subir » par *accipio, is, ere*.

Corrigés des exercices page 190

46 L'INFINITIF

JE RETIENS

▮ On distingue en latin l'**infinitif présent** et l'**infinitif parfait**.

• L'**infinitif présent actif** est formé sur le **radical du présent** auquel on ajoute le **suffixe *-re*** (*-ere* pour la 3e conjugaison et la 3e mixte). C'est la 3e forme des temps primitifs donnés par le lexique et le dictionnaire : *amo, as, are (amare :* infinitif présent).

• L'**infinitif présent passif** est formé sur le **radical du présent** auquel on ajoute :
– le **suffixe *-ri*** pour les 1re, 2e et 4e conjugaisons : *ama**ri*** (être aimé) ; *dele**ri*** (être détruit) ; *audi**ri*** (être entendu) ;
– le **suffixe *-i*** pour la 3e conjugaison : *leg**i*** (être lu) ; *cap**i*** (être pris).

• L'**infinitif parfait actif** est formé sur le **radical du parfait** auquel on ajoute le **suffixe *-isse***. On trouve le radical du parfait à partir de la 4e forme des temps primitifs : *amo, as, are, avi : amav(i)* radical du parfait ; ***amavisse*** (avoir aimé).

• L'**infinitif parfait passif** est formé du **participe passé du verbe** à l'accusatif et de l'**auxiliaire *être*** à l'infinitif présent : *amatum, am, um esse* : avoir été aimé.

▮ **Les emplois de l'infinitif varient.**

• **Substitut d'un groupe nominal** au nominatif ou à l'accusatif ;
il occupera alors les fonctions de :
– sujet : ***Errare** humanum est* (se tromper est humain) ;
– attribut du sujet : ***Laborare**, vivere est* (travailler, c'est vivre) ;
– COD : ***Saltare** volo* (je veux danser).

• **Verbe d'une proposition infinitive** ; son sujet est alors à l'accusatif : *Dominus dicit **pueros ludere*** (le maître dit que les enfants jouent).

• **Infinitif de narration** ; il est utilisé dans un récit au passé en proposition indépendante ou principale. Son sujet est au nominatif. Il se traduit en français par un présent historique ou un imparfait.
« Rex primo nihil metuere, nihil suspicari ». D'abord le roi ne craignait rien, ne soupçonnait rien.

Je vérifie

	vrai	faux
1. L'infinitif présent passif du verbe *dicere* est *diceri*.	☐	☐
2. *Deletum esse* se traduit par « avoir été détruit ».	☐	☐
3. L'infinitif présent d'un verbe est toujours donné par le dictionnaire.	☐	☐

1. vrai – 2. vrai – 3. vrai.

Je m'entraîne

1 Complète le tableau proposé.

	Inf. présent actif	Inf. présent passif	Inf. parfait actif	Inf. parfait passif
Cogito, as, are, avi, atum : penser				
Accipio, is, ere, -cepi, ceptum : recevoir				
Dico, is, ere, dixi, dictum : dire				
Spero, as, are, avi, atum : espérer				
Statuo, is, ere, statui, statum : décider				
Mitto, is, ere, misi, missum : envoyer				

2 Souligne et analyse les infinitifs dans les deux extraits, puis traduis.

1. « Miser Catulle, desinas ineptire [........................]
Et quod vides periisse, perditum ducas[1] [........................] (Catulle)

....

....

2. « Expulsos agris inertia incertas domos habere subegit, coeperunt alienas opes petere[2] » (Salluste)

[........................]   [........................]

....

....

1. *desino, is, ere* : cesser (subjonctif à traduire par un impératif) ; *ineptio, is, ire* : perdre la tête ; *pereo, is, ire, perii, peritum* : être perdu ; *duco, is, ere* : considérer (valeur impérative).
2. *expulsus, a, um* + abl. : expulsé de ; *inertia, ae*, f : chômage ; *incertus, a, um* : incertain ; *subigo, is, ere, egi, subactum* : pousser, contraindre (sous-entendre : les) ; *coepi, isse* : commencer ; *alienus, a, um* : étranger, hors d'eux

Corrigés des exercices page 190

47 La proposition subordonnée infinitive

Je retiens

▮ Elle comporte **un verbe à l'infinitif et un sujet exprimé à l'accusatif.** Elle n'est introduite par aucun mot subordonnant. **Elle est toujours COD** du verbe dont elle dépend. On la traduit souvent par **une proposition subordonnée conjonctive introduite par « que ».**

Ex. : *Dico (Gallos venire).* Je dis que les Gaulois arrivent.

• On trouve la proposition infinitive après les **verbes d'opinion**, **d'affirmation** ou **de connaissance** et des verbes **de volonté**.

Ex. : *dico* : je dis ; *credo* : je crois ; *puto* : je pense ; *scio* : je sais ; *jubeo* : j'ordonne ; *volo* : je veux, etc.

▮ **Concordance des temps**

• L'infinitif présent indique que l'action de la subordonnée et celle de la principale se déroulent **en même temps** (**simultanéité**).

Ex. : *Dico Gallos venire.* Je dis que les Gaulois arrivent.
Dicebam Gallos venire. Je disais que les Gaulois arrivaient.

• L'infinitif parfait indique que l'action de la subordonnée s'est déroulée **avant** l'action de la proposition principale.

Ex. : *Dico Gallos venisse.* Je dis que les Gaulois sont arrivés.
Dicebam Gallos venisse. Je disais que les Gaulois étaient arrivés.

• Dans la subordonnée infinitive latine, le pronom personnel sujet se traduit par le pronom personnel ou le pronom de rappel *is*, *ea*, *id*.

Ex. : – *Dicit* ***eum*** *venire.* Il dit qu'**il** (quelqu'un) vient
– *Dicit* ***se*** *venire.* Il dit qu'**il** (lui-même) vient.

Je vérifie

	vrai	faux
1. La proposition subordonnée infinitive est COD du verbe dont elle dépend.	☐	☐
2. La proposition subordonnée infinitive a son sujet au nominatif.	☐	☐
3. La proposition subordonnée infinitive ne comporte pas de mot subordonnant.	☐	☐

1. vrai – 2. faux – 3. vrai.

Je m'entraîne

1 Relie chaque phrase à sa traduction correcte.

1. Puto philosophos esse sapientes. •	• Il dit que les soldats combattent avec acharnement.
2. Puto philosophos sapientes fuisse. •	• Il disait que les soldats avaient combattu avec acharnement.
3. Dicebat milites acriter pugnare. •	• Je pense que les philosophes sont sages.
4. Dicit milites acriter pugnare. •	• Il disait que les soldats combattaient avec acharnement.
5. Dicebat milites acriter pugnavisse. •	• Je pense que les philosophes étaient sages.

2 Traduis ces phrases racontant une anecdote mettant en scène Jules César.

1. Veteranus dixit : « Meministi, imperator, in Hispania te talum extorsisse ? »
2. Caesar respondit : « Memini militem paenulam suam praebuisse et aquam sibi in galea sua dedisse. »
3. Veteranus dixit : « Potes ergo, imperator, agnoscere illum militem aut illam galeam ? »
4. Caesar respondit se non posse galeam agnoscere sed militem cognoscere posse. (d'après Sénèque)

La fin de l'anecdote nous apprend que César n'avait en fait pas reconnu le soldat, ce qui était normal puisqu'il avait perdu un œil dans une bataille et que, l'ayant ensuite reconnu, il lui fit un don.

Lexique : *veteranus*, *i*, m : un vétéran (ancien soldat) ; *meministi* : tu te souviens que (+ proposition infinitive) ; *memini* : je me souviens ; *Hispania*, *ae*, f : l'Espagne ; *talus*, *i*, m : le talon ; *extorqueo*, *is*, *ere*, *extorsi*, *extortum* : démettre, déboîter ; *paenula*, *ae*, f : le manteau ; *galea*, *ae*, f : le casque ; *aqua*, *ae*, f ; l'eau ; *potes* : tu peux ; *posse* : pouvoir (à traduire par un verbe conjugué dans la proposition infinitive) ; *agnoscere* et *cognoscere* : reconnaître.

Corrigés des exercices page 190

48 LE SUBJONCTIF PRÉSENT

JE RETIENS

▮ Le subjonctif présent se forme à partir du **radical du présent**, auquel on ajoute le **suffixe *-e-*** pour la 1re déclinaison, le **suffixe *-a-*** pour les autres déclinaisons et les **désinences personnelles**.

	1re conjugaison	2e conjugaison	3e conjugaison	3e conjugaison	4e conjugaison
Infinitif	*Vocare* : appeler	*Habere* : avoir	*Dicere* : dire	*Capere* : prendre	*Audire* : entendre
Radical	**voca-**	**habe-**	**dic-**	**cap-**	**audi-**
1re pers. sing.	Vocem *que j'appelle*	Habeam *que j'aie*	Dicam *que je dise*	Capiam *que je prenne*	Audiam *que j'entende*
2^{e} pers. sing.	Voces	Habeas	Dicas	Capias	Audias
3^{e} pers. sing.	Vocet	Habeat	Dicat	Capiat	Audiat
1re pers. plur.	Vocemus	Habeamus	Dicamus	Capiamus	Audiamus
2e pers. plur.	Vocetis	Habeatis	Dicatis	Capiatis	Audiatis
3e pers. plur.	Vocent	Habeant	Dicant	Capiant	Audiant

▮ Le *-a-* du radical des verbes de la 1re conjugaison s'efface, disparaît devant le suffixe *-e-* du subjonctif.

▮ Il faut être attentif à ne pas confondre une 1re personne du singulier au futur de l'indicatif et une 1re personne du singulier au présent du subjonctif pour les 2e, 3e et 4e conjugaisons. Le sens du texte et les autres verbes de la phrase t'aideront à ne pas commettre d'erreur.

JE VÉRIFIE

	vrai	faux
1. Tous les verbes latins forment leur subjonctif présent en *-a-*.	☐	☐
2. *Capiam* peut être un indicatif ou un subjonctif.	☐	☐
3. *Vocem* peut être un futur de l'indicatif.	☐	☐

1. faux – 2. vrai – 3. faux.

Je m'entraîne

1 Traduis les formes suivantes.

1. Facias
2. Vocet
3. Demus
4. Habeat
5. Fugietis
6. Qu'ils fassent
7. Que tu prennes
8. Que je fuie
9. Que nous appelions
10. Que tu vois

2 Repère l'intrus dans chaque liste de mots et précise quelle est sa particularité par rapport aux autres termes.

1. legam – fugiam- teneam – pecuniam – dicam

....

2. consulem – spectatorem – regem – legem – putem

....

3. duces – cives – des miles homines

....

3 Dans le poème suivant (extrait des *Poèmes* de Catulle, livre V), souligne les subjonctifs présents et précise à quelle personne ils sont conjugués.

« *Vivamus, mea Lesbia, atque amemus,*	Vivons, ma Lesbia, et aimons-nous,
Rumoresque senum severiorum	et toutes les rumeurs des vieillards trop sévères
Omnes unius aestimemus assis (…)	ne les estimons pas plus d'un sou.
Da mi basia mille, deinde centum ; (…)	Donne-moi mille baisers et puis cent ;
Dein cum millia multa fecerimus,	Puis, quand nous en aurons échangé mille et mille,
Conturbabimus illa, ne sciamus,	nous brouillerons les comptes, que nous n'en sachions plus le nombre,
Aut ne quis malus invidere possit,	ni que personne qui serait malintentionné ne puisse nous jalouser,
Cum tantum sciat esse basiorum. »	s'il savait combien il y a eu de baisers.

Corrigés des exercices page 191

49 LE SUBJONCTIF IMPARFAIT

JE RETIENS

■ Pour former le subjonctif imparfait, on utilise le **radical du présent** auquel on ajoute le **suffixe *-re-*** (on obtient alors une forme identique à celle de l'infinitif présent) et les **désinences personnelles**.
Ex. : *teneo, es, ere* se conjugue au subjonctif imparfait ***tene-re-m***, etc.

	1re conjugaison	2e conjugaison	3e conjugaison	3e conjugaison	4e conjugaison
Infinitif	***Vocare*** : appeler	***Habere*** : avoir	***Dicere*** : dire	***Capere*** : prendre	***Audire*** : entendre
Radical	**voca-**	**habe-**	**dic-**	**cap-**	**audi-**
1re pers. sing.	Vocarem	Haberem	Dicerem	Caperem	Audirem
2e pers. sing.	Vocares	Haberes	Diceres	Caperes	Audires
3e pers. sing.	Vocaret	Haberet	Diceret	Caperet	Audiret
1re pers. plur.	Vocaremus	Haberemus	Diceremus	Caperemus	Audiremus
2e pers. plur.	Vocaretis	Haberetis	Diceretis	Caperetis	Audiretis
3e pers. plur.	Vocarent	Haberent	Dicerent	Caperent	Audirent

■ Rappelons, pour éviter toute erreur dans les traductions, que **le subjonctif imparfait français se forme sur le passé simple du verbe** : que je fisse (faire), que je visse (voir), etc.

JE VÉRIFIE

	vrai	faux
1. Dans le subjonctif imparfait latin, je reconnais une forme semblable à celle de l'infinitif présent.	☐	☐
2. Les désinences sont les mêmes au subjonctif présent et au subjonctif imparfait.	☐	☐

1. vrai – 2. faux.

JE M'ENTRAÎNE

1 Complète le tableau suivant au subjonctif imparfait.

	Video, es, ere, vidi, visum	Venio, is, ire, veni, ventum	Vinco, is, ere, vici, victum	Facio, is, ere, feci, factum	Ago, is, ere, egi, actum
3ᵉ pers. sing.					
3ᵉ pers. plur.					

2 Traduis chaque forme verbale demandée et place-la dans la grille. Tu verras apparaître verticalement une phrase latine célèbre.

1. aimer, 1ʳᵉ P. sing., subj. imp.
2. pousser *(pello, is, ere)*, 1ʳᵉ P. plur., subj. prst.
3. aimer, 1ʳᵉ P. plur., subj. prst.
4. regarder *(specto, as, are)*, 2ᵉ P. sing., subj. imp.
5. jeter *(jacio, is, ere)*, 3ᵉ P. sing., subj. imp.
6. tirer *(traho, is, ere)*, 3ᵉ P. plur., subj. prst.
7. désirer *(cupio, is, ere)*, 2ᵉ P. sing., subj. imp.
8. se taire *(taceo, es, ere)*, 1ʳᵉ P. sing., subj. prst.
9. vivre *(vivo, is, ere)*, 3ᵉ P. sing., subj. prst.
10. perdre *(perdo, is, ere)*, 2ᵉ P. plur., subj. imp.
11. décider *(statuo, is, ere)*, 2ᵉ P. sing., subj. imp.
12. tenir *(teneo, es, ere)*, 2ᵉ P. plur., subj. prst.

3 Relie chaque verbe latin à sa traduction.

Taceo, es, ere : se taire ; *tango, is, ere* : toucher ; *tego, is, ere* : couvrir ; *tollo, is, ere* : soulever ; *jacio, is, ere* : jeter ; *jaceo, es, ere* : être étendu.

1. tegeres •
2. tangas •
3. taceas •
4. tolleres •
5. jaceretis •
6. jaciatis •

• a. que tu te taises
• b. que vous jetiez
• c. que tu soulevasses
• d. que tu couvrisses
• e. que tu touches
• f. que vous fussiez étendus

Corrigés des exercices page 191

50 Le subjonctif plus-que-parfait

Je retiens

▮ Le subjonctif plus-que-parfait latin appartient au système du ***perfectum*** ; il se forme donc sur le radical du **parfait** auquel on ajoute le **suffixe -*isse*-** et les **désinences personnelles**.

Ex. : *amo, as, are, avi, atum* a pour radical du parfait *amav-* ; ce verbe se conjuguera donc au subjonctif plus-que-parfait *amav-isse-m*, *amav-isse-s*, etc.

	1re conjugaison	2e conjugaison	3e conjugaison	3e conjugaison	4e conjugaison
Infinitif	*Vocare* : appeler	*Habere* : avoir	*Dicere* : dire	*Capere* : prendre	*Audire* : entendre
Radical	**vocav-**	**habu-**	**dix-**	**cep-**	**audiv-**
1re pers. sing.	Vocavissem	Habuissem	Dixissem	Cepissem	Audivissem
2e pers. sing.	Vocavisses	Habuisses	Dixisses	Cepisses	Audivisses
3e pers. sing.	Vocavisset	Habuisset	Dixisset	Cepisset	Audivisset
1re pers. plur.	Vocavissemus	Habuissemus	Dixissemus	Cepissemus	Audivissemus
2e pers. plur.	Vocavissetis	Habuissetis	Dixissetis	Cepissetis	Audivissetis
3e pers. plur.	Vocavissent	Habuissent	Dixissent	Cepissent	Audivissent

▮ Le subjonctif plus-que-parfait se traduit en français par un verbe au participe passé, précédé de l'auxiliaire au subjonctif imparfait.

Vocavissem : que j'eusse appelé
Vocavisses : que tu eusses appelé
Vocavisset : qu'il eût appelé
Vocavissemus : que nous eussions appelé
Vocavissetis : que vous eussiez appelé
Vocavissent : qu'ils eussent appelé

Je vérifie

	vrai	faux
1. Le suffixe -*isse*- caractérise le subonctif plus-que-parfait.	☐	☐
2. *Cepissent* se traduit par « qu'ils eussent été pris ».	☐	☐

1. vrai – 2. faux.

Je m'entraîne

1 Traduis les formes suivantes.

1. que nous eussions pensé ....
2. qu'il eût donné ....
3. que j'eusse fui ....
4. que tu fusses venu ....
5. misisses ....
6. credidisset ....
7. venissemus ....
8. fecissent ....

2 Complète le tableau en respectant, la personne verbale donnée.

Indicatif présent	Subjonctif présent	Subjonctif imparfait	Subjonctif plus-que-parfait
Laboro			
	Scias		
		Videret	
			Oravissemus
		Poneretis	
Cupiunt			

3 Lis attentivement le texte suivant et relève les verbes qui sont au subjonctif en les analysant : temps, personne.

« Hercules, ad primum auroram somno excitus, cum gregem perlustravisset, oculis et partem abesse numero sensisset pergit ad proximam speluncam, si forte eo vestigia ferrent. […] Inde cum actae boves quaedam ad desiderium, ut fit, relictarum mugissent, reddita inclusarum ex spelunca boum vox Herculem convertit. »

....
....
....
....
....

Corrigés des exercices page 191

51 La conjugaison de *sum* et de ses composés

Je retiens

La conjugaison irrégulière de *sum, es, esse, fui* : être

Exemples de formation des temps qui n'ont pas été étudiés en 5e dans la fiche 11.

- **Indicatif** : **futur** : *ero :* je serai ; *eris :* tu seras ; *erunt :* ils seront.
  plus-que-parfait : *fueram* : j'avais été.
  futur antérieur : *fuero* : j'aurai été ; *fuerint* : ils auront été.
- **Subjonctif** : **présent** : *sim* : que je sois ; *sis* : que tu sois.
  imparfait : *essem* : que je fusse.
  plus-que-parfait : *fuissem* : que j'eusse été.
- **Impératif** : **présent** : *es* : sois ; *este* : soyez.
- **Infinitif** : *esse* : être ; *fuisse :* avoir été.

Les composés de *sum*

– *absum, abes, abesse, afui* (*a* ou *ab* + abl.) : je suis absent de, je suis loin de
– *adsum, ades, adesse, adfui* (+ datif) : je suis présent, je suis là, j'assiste à, j'aide
– *desum, dees, desse, defui* (+ datif) : je manque à, je fais défaut à
– *obsum, obes, obesse, obfui* (+ datif) : je m'oppose à, je fais défaut à, je nuis à
– *praesum, praees, praeesse, praefui* (+ datif) : je commande à, je préside à
– *supersum, superes, superesse, superfui* (+ datif) : je survis à, je subsiste
– *prosum, prodes, prodesse, profui* (+ datif) : je suis utile à
– *possum, potes, posse, potui* (+ infinitif) : je peux

• *Absum (afui) ; adsum (adfui) ; desum ; obsum ; praesum ; supersum* se conjuguent avec un préfixe qui reste invariable.

Ex. : ***de**sum, **de**es, **de**est, **de**sumus, **de**estis, **de**sunt.*

• Le préfixe de *prosum* prend la forme *prod-* devant une voyelle.
• Le préfixe de *possum* prend la forme *pot-* devant une voyelle.

Ex. : ***pro**sum, **prod**es, **prod**est, **pro**sumus, **prod**estis, **pro**sunt.*
***pos**sum, **pot**es, **pot**est, **pos**sumus, **pot**estis, **pos**sunt.*

JE VÉRIFIE

	vrai	faux
1. La plupart des composés de *sum* se construisent avec le datif.	☐	☐
2. Le verbe *sum* existe à la voix passive.	☐	☐

1. vrai – 2. faux.

JE M'ENTRAÎNE

1 Relie la forme latine de la conjugaison de *sum* à sa traduction.

1. Essem •	• soyez
2. Eramus •	• nous serons
3. Erunt •	• vous êtes
4. Fuerunt •	• il avait été
5. Sis •	• que je fusse
6. Este •	• ils ont été
7. Estis •	• que tu sois
8. Fuerat •	• nous étions
9. Erimus •	• ils seront

2 Conjugue à toutes les personnes les composés de *sum* au temps et au mode indiqués.

Prosum (subj. présent) : ....

Praesum (ind. futur antérieur) : ....

Obsum (ind. imparfait) : ....

Adsum (ind. parfait) : ....

Absum (ind. futur) : ....

3 Complète les phrases à l'aide du verbe qui convient selon le sens : *afuit – deest – proderant - praeerat.* (Ne change rien à la forme du verbe.) Traduis ensuite les phrases obtenues.

Rex militis ________________ : ....

Pater a familia ______________ : ....

Servi dominis ______________ : ....

Pecunia nobis________________ : ....

Corrigés des exercices page 192

52 La conjugaison de *eo* et de ses composés

Je retiens

La conjugaison en partie irrégulière de *eo, is, ire, ivi* ou *ii, itum* : aller

Exemples de formation des temps qui n'ont pas été étudiés en 5e dans la fiche 12.

- **Indicatif :** **futur** : *ibo* ; j'irai ; *ibis* : tu iras ; *ibunt :* ils iront.
  plus-que-parfait : *iveram* ou *ieram* : j'étais allé(e).
  futur antérieur : *ivero* ou *iero :* je serai allé(e) : ; *iverint* ou *ierint* : ils (elles) seront allé(e)s.
- **Subjonctif : présent** : *eam* : que j'aille.
  imparfait : *irem* : que j'allasse.
- **Impératif : présent** : *i :* va ; *ite* : allez.
- **Infinitif :** *ire* : aller ; *ivisse* ou *iisse* : être allé.
- **Participe : présent** : *iens, euntis* : allant.

Les composés de *eo* qui se conjuguent comme *eo*

– *abeo, is, ire, abivi* ou *abii, abitum* : je m'éloigne, je m'en vais
– *exeo, is, ire, exii, exitum* : je sors de, je pars
– *redeo, is, ire, redii, reditum* : je reviens
– *intereo, is, ire, interii, interitum* : je meurs, je péris
– *pereo, is, ire, perii, peritum* : je meurs, je péris
– *adeo, is, ire, adii, aditum* (+ acc. ou *ad* + acc.) : je vais vers, je m'approche de, j'aborde
– *ineo, is, ire, inii, initum* (+ acc. ou *in* + acc.) : j'entre dans, je commence
– *transeo, is, ire, ivi, itum* (+ acc. ou *per* + acc.) : je traverse, je franchis, je passe au-delà de.

Je vérifie

	vrai	faux
1. Deux verbes composés de *eo* ont le même sens.	☐	☐
2. *Adeo* veut dire s'éloigner, quitter.	☐	☐

1. vrai – 2. faux.

JE M'ENTRAÎNE

1 Complète par les formes demandées.

	Redeo	Transeo	Abeo	Pereo	Adeo
	Présent subjonctif	Futur antérieur indicatif	Futur indicatif	Plus-que-parfait indicatif	Présent indicatif
3e personne du singulier					
3e personne du pluriel					

2 Analyse les formes suivantes en indiquant le temps, le mode, la personne et la traduction.

1. Adivisset : ....
2. Exi : ....
3. Iverunt : ....
4. Abibam : ....
5. Eunt : ....
6. Abitis : ....
7. Pereat : ....
8. Rediverant : ....
9. Rediisti : ....
10. Ibamus : ....
11. Redite : ....

3 Traduis les phrases ci-dessous.

1. Multi milites domo abierunt sed pauci in patriam redierunt.
2. Pater credit filios suos Romam iisse.
3. Dux e castris abiit, Rhenum transiit.
4. Populi ad majorum mos redibunt.
5. Miles saeva morte periit.

Corrigés des exercices page 192

53 La conjugaison des verbes irréguliers

Je retiens

▮ On appelle **verbes irréguliers** ceux qui s'écartent des modèles de conjugaison. Certains sont à retenir.

	INDICATIF ***Volo, vis, velle, volui :*** vouloir	**INDICATIF** ***Nolo, non vis, nolle, nolui :*** ne pas vouloir	**INDICATIF** ***Malo, mavis, malle, malui :*** préférer
Présent	Volo Vis Vult Volumus Vultis Volunt	Nolo Non vis Non vult Nolumus Non vultis Nolunt	Malo Mavis Mavult Malumus Mavultis Malunt
Imparfait	Volebam, volebas…	Nolebam, nolebas…	Malebam, malebas…
Futur	Volam, voles, volet…	Nolam, noles, nolet…	Malam, males, malet…
Parfait	Volui, voluisti….	Nolui, noluisti…	Malui, maluisti…
Plus-que-parfait	Volueram, volueras…	Nolueram, nolueras…	Malueram, malueras…
Futur antérieur	Voluero, volueris…	Noluero, nolueris…	Maluero, nolueris…
	SUBJONCTIF	**SUBJONCTIF**	**SUBJONCTIF**
Présent	Velim, velis…	Nolim, nolis…	Malim, malis…
Imparfait	Vellem, velles, vellet…	Nollem, nolles, nollet…	Mallem, malles, mallet…
Plus-que-parfait	Voluissem, voluisses…	Noluissem, noluisses…	Maluissem, maluisses…

• Seul le verbe *nolo* se conjugue à l'impératif : ***noli*** (2e pers. sing.) ; ***nolite*** (2e pers. plur.).

▮ Ces trois verbes se construisent de différentes façons ; ils peuvent être suivis :
– d'un verbe à l'infinitif : *volo* ***laborare*** *:* je veux travailler ;
– d'une proposition infinitive : *nolo* ***te venire*** : je ne veux pas que tu viennes ;
– d'une proposition au subjonctif, introduite directement : *malo* ***clarus sis*** : je préfère que tu sois célèbre.

Le verbe *malo* se construit avec *quam* lorsqu'il exprime une comparaison : *malo saltare* ***quam*** *cenare :* je préfère danser plutôt que manger.

JE VÉRIFIE

	vrai	faux
1. Le verbe *volo* entre en composition dans la conjugaison de *nolo*.	☐	☐
2. Ces verbes se construisent de deux manières différentes.	☐	☐

1. vrai – 2. faux.

JE M'ENTRAÎNE

1 Complète le tableau.

	Volo Ind. imparfait	***Volo*** Ind. futur	***Nolo*** Ind. parfait	***Nolo*** Subj. présent	***Malo*** Ind. présent	***Malo*** Subj. plus-que-parfait
2ᵉ pers. sing.						
3ᵉ pers. plur.						

2 Traduis les formes verbales suivantes.

1. mavult : .... velit : .... nolet : ....
2. nollet : .... maluerit : .... volumus : ....
3. vous préférez : ...... que vous vouliez : ...... que vous eussiez préféré :

3 Traduis les phrases suivantes.

1. Je veux sortir. ....
   Nolo te manere. ....
2. Je veux que tu sortes. (deux possibilités) ....
3. Pater non vult liberos suos in horto ludere. ....
....
4. Servus meus dormire quam laborare mavult. ....
....
5. Homines pecuniae gloriaeque studere[1] malunt quam virtuti. ....
....

1. *Studeo, ere* + datif : s'appliquer à.

Corrigés des exercices page 193

54 L'ORDRE ET LA DÉFENSE DANS LES INDÉPENDANTES

JE RETIENS

L'ordre s'exprime en latin par :

• **l'impératif présent actif** pour la deuxième personne du singulier et du pluriel ;

	1re conjugaison	2e conjugaison	3e conjugaison	3e conjugaison	4e conjugaison
Infinitif	***Vocare*** : appeler	***Habere*** : avoir	***Dicere*** : dire	***Capere*** : prendre	***Audire*** : entendre
Radical	**voca-**	**habe-**	**dic-**	**cap-**	**audi-**
2e pers. sing.	Voca	Habe	Dic (irrégulier) Lege	Cape (régulier)	Audi
2e pers. plur.	Vocate	Habete	Dicite	Capite	Audite

Exceptions : *dic* : dis ; *duc* : conduis ; *fac* : fais ; *fer* : porte.

• **le subjonctif présent actif** pour la première personne du pluriel et la troisième personne du singulier et du pluriel. Ex. : *Vocet* : qu'il appelle ; *vocemus* : que nous appelions, appelons ; *vocent* : qu'ils appellent.

La défense s'exprime par :

• ***Noli*** ou ***nolite*** **+ infinitif présent du verbe** pour la deuxième personne du singulier et du pluriel.

Ex. : *Noli vocare* : n'appelle pas ; *nolite vocare* : n'appelez pas.

• ***Ne*** **+ subjonctif présent du verbe** pour la première personne du pluriel et la troisième personne du singulier et du pluriel.

Ex. : *Ne vocet* : qu'il n'appelle pas ; *ne vocemus* : que nous n'appelions pas, n'appelons pas ; *ne vocent* : qu'ils n'appellent pas.

JE VÉRIFIE

	vrai	faux
1. Le subjonctif imparfait sert à exprimer l'ordre ou la défense.	☐	☐
2. L'impératif n'existe pas en latin à la première personne du pluriel.	☐	☐

1. faux – 2. vrai.

Je m'entraîne

1 1. Quelle est la valeur des impératifs du texte suivant ?

Ils expriment ....

2. Mets au pluriel ou au singulier les impératifs que tu rencontreras dans les strophes de ce poème (attention, il te faut veiller à la conjugaison du verbe).

« Cinge tempora floribus *Suave olentis amaraci,* *Flammeum cape laetus, huc* *Huc veni niveo gerens* *Luteum pede soccum,* *Excitusque hilari die* *Nuptalia concinens* *Voce carmina tinnula* *Pelle humum pedibus, manu* *Pineam quate taedam* *[…]* *Tollite, o pueri, faces ;* *Flammeum video venire.* *Ite, concinite in modum… »*	« Ceins tes tempes des fleurs de la marjolaine agréablement odorante, joyeux prends le voile couleur de flamme ; ici, ici donc, viens, portant à ton pied de neige la pantoufle jaune ; et convoqué en ce jour de joie, chantant avec tous l'hymne nuptial d'une voix claire, frappe le sol de tes pas, avec ta main agite la torche de pin. Levez les torches, enfants. Je vois venir le voile couleur de flamme. Allez, chantez en rythme… » Catulle, *Poèmes*, 61 **Lexique** : *cingo, is, ere* : ceindre ; *pello, is, ere* : heurter, frapper ; *quatio, is, ere* : secouer, agiter, brandir ; *tollo, is, ere, sustuli, sublatum* : soulever, élever ; *eo, is, ire, ivi, itum* : aller (verbe irrégulier : impératif : va : *i*) ; *concino, is, ere, ui* : chanter.

2 **Traduis les phrases suivantes.**

1. N'écrivez pas !
2. Qu'ils viennent !
3. Qu'ils ne viennent pas !
4. Qu'il dise la vérité ! (la vérité : *verum, i,* n)
5. N'aie pas peur ! (avoir peur : *timeo, es, ere, ui*)
6. Chéris tes parents ! (chérir, aimer : *amo, as, are, avi, atum* ; parents : *parentes, ium*)
7. Ne nous affligeons pas ! (*doleo, es, ere, ui, itum* : souffrir, s'affliger)
8. Sustine et abstine ! (*sustineo, es, ere, tinui, tentum* : supporter ; *abstineo, es, ere, tinui, tentum* : s'abstenir ; cette formule sert de devise aux philosophes stoïciens).

Corrigés des exercices page 193

55 Les propositions subordonnées complétives au subjonctif

Je retiens

▮ Il s'agit de **propositions subordonnées COD de leur verbe introducteur** introduites la plupart du temps par des conjonctions de subordination.

• Les propositions subordonnées introduites par ***ut*** ou ***ne*** après des verbes exprimant :

– la **volonté** : *imperare ut* : ordonner que ; *suadere ut* : conseiller que ; *persuadere ut* : persuader que ; *monere ut* : avertir que ;

– le **souhait** : *optare ut* : souhaiter que ; ou de **prière** : *orare ut* : prier que ; *rogare ut* ou *petere ut* : demander à quelqu'un de ;

– l'**effort** : *facere* ; *efficere ut* : faire en sorte que ; *curare ut* : prendre soin que.

• Les propositions introduites par ***ne*** ou ***ne non*** après des verbes exprimant la crainte :

– ***Timere ne*** ou ***metuere ne*** : craindre que ne…

Ex. : *Timeo ne non veniat* : je crains qu'il ne vienne pas.

• Les propositions **qui ne sont pas introduites par une conjonction de subordination** après les verbes :

velle : vouloir ; *nolle* : ne pas vouloir ; *malle* : préférer.

Ex. : *Volo veniat* : je veux qu'il vienne.

• **La concordance des temps dans les subordonnées :**

– Le présent du subjonctif *(veniat)* et l'imparfait du subjonctif *(veniret)* indiquent que l'action de la subordonnée se passe en même temps que celle de la principale.

Ex. : *Timeo ne veniat* : je crains (maintenant) qu'il ne vienne (maintenant).
Timebam ou *timui ne veniret* : je craignais ou j'ai craint (alors) qu'il ne vînt (au même temps).

– Le plus-que-parfait du subjonctif indique que l'action de la subordonnée se passe avant l'action de la principale.

Ex. : *Timebam* ou *timui ne venisset* : je craignais ou j'ai craint (alors) qu'il ne fût venu (à ce moment-là).

Je vérifie

	vrai	faux
1. *Volo* est suivi d'un proposition introduite par *ut.*	☐	☐
2. *Impero* est suivi d'une proposition introduite par *ut.*	☐	☐
3. L'imparfait du subjonctif indique une action simultanée à l'action principale.	☐	☐

1. faux – 2. vrai – 3. vrai.

Je m'entraîne

1 Entoure si nécessaire les fautes de grammaire ou de conjugaison des phrases suivantes (aide-toi des phrases de la leçon et des listes de verbes qui te sont données).

1. Timeo ut cladem accipiant : je crains qu'ils ne subissent une défaite.
2. Dux voluit ut milites pugnarent : le chef a voulu que ses soldats combattissent[1].
3. Magister imperat discipulis ut audirent : le maître ordonne à ses élèves qu'ils l'écoutent.
4. Dominus rogavit servis ne laborarent : le maître a demandé à ses esclaves qu'ils travaillassent.

2 En t'aidant de la traduction de ce passage de la guerre des Romains contre le roi étrusque Porsenna au début du VIe siècle avant J.-C., encadre les complétives au subjonctif et souligne leur verbe introducteur.

« *Jam Tarquinii ad Lartem Porsennam, Clusinum regem, perfugerant. Ibi, miscendo consilium precesque, nunc orabant ne se (…) pateretur, nunc monebant etiam ne orientem morem pellendi reges inultum sineret.* »	« À cette date, les Tarquins s'étaient réfugiés près du Lar (chef de guerre étrusque) Porsenna, roi de Clusium. Là, mêlant les conseils aux prières, parfois ils le suppliaient de ne pas les laisser (…) ; parfois aussi ils l'avertissaient que cette mode nouvelle de chasser les rois ne devait pas rester impunie. » Tite-Live, *Histoire romaine*, II, IX

1. On emploie en français le subjonctif imparfait de concordance des temps même si l'emploi du subjonctif présent est toléré (ex. : « qu'ils combattent »).

Corrigés des exercices page 193

56 L'EXPRESSION DU LIEU

JE RETIENS

Pour introduire le complément circonstanciel de lieu, le latin, comme le français, emploie **généralement des prépositions.**

Ex. : Les enfants sont **dans le jardin**. *Pueri **in horto** sunt.*

Valeur du complément de lieu	Je réponds à la question...	J'emploie alors...	**Exception** pour les **noms de villes** au singulier (appartenant aux déclinaisons 1 et 2) et les noms communs suivants : ***domus***, *us*, f : la maison ; ***rus***, *ruris*, n : la campagne, ***humus***, *i*, f : la terre.
Le lieu où je me trouve	*Ubi ?* (où ?)	***In*** **+ abl.** ***In horto*** *sum* : je suis dans le jardin.	On emploie le **locatif** (génitif) : – ***Romae sum*** : je suis à Rome. – ***Ruri sum*** : je suis à la campagne. – ***Domi sum*** : je suis à la maison. – ***Humi sum*** : je suis à terre.
Le lieu où je vais	*Quo ?* (vers où)	***In*** **+ acc.** ou ***ad*** **+ acc.** ***In hortum*** *eo* : je vais dans le jardin.	On emploie l'**accusatif sans préposition :** – ***Eo Romam*** : je vais à Rome. – ***Eo domum, rus :*** je vais à la maison, à la campagne.
Le lieu d'où je viens	*Unde ?* (d'où ?)	***Ex*** **+ abl.** ***Ex horto*** *venio* : je viens du jardin.	On emploie l'**ablatif sans préposition** : – ***Redeo Roma :*** je reviens de Rome. – ***Redeo rure / redeo domo*** : je reviens de la campagne, je reviens de la maison.
Le lieu par lequel je passe	*Qua ?* (par où ?)	***Per*** **+ acc.** ***Per hortum*** *eo* : je passe par le jardin.	

JE VÉRIFIE

	vrai	faux
1. Le lieu où l'on est se traduit par l'ablatif.	☐	☐
2. Les noms de pays se construisent sans préposition.	☐	☐
3. La préposition *super* se construit avec le locatif.	☐	☐

1. vrai – 2. faux – 3. faux.

JE M'ENTRAÎNE

1 Relie à chaque question la réponse qui lui convient.

1. Qua iter faciunt nautae ? (*nauta, ae* : le marin) •	• Domo
2. Unde venit magister ? •	• Per mare Tyrrhenum
3. Quo eunt milites ? •	• In Graeciam
4. Unde veniunt amici nostri ? •	• E villa sua

2 Traduis les phrases suivantes.

1. Romam rediimus. ....
2. E castris milites exierant. ....
3. Milites e Gallia in Italiam transierunt. ....
4. Consul claram orationem (*oratio, onis*, f : discours) in curia[1] habuit.

....

3 Replace les compléments de lieu où il convient puis complète la traduction. ***in sicco (siccus, a, um*** **: sec*),*** ***loco, in casam (casa, ae,*** **f : cabane*),*** ***ad parvulos (parvulus, a, um*** **: tout-petit*),*** ***in iis locis, in vincula (vinculum, i,*** **n : chaînes, prison*),*** ***super ripas*** **(*ripa, ae,*** **f *:*** **rive*),*** ***in Tiberim (Tiber, is,*** **m *:*** **le Tibre).**

Amulius ipsam .... conjecit, parvulos alveo impositos abjecit .... qui nunc forte .... erat effusus ; sed, relabente flumine, eos aqua .... reliquit. Vastae tum .... solitudines erant. […]. Cum lupa saepius .... veluti ad catulos reverteretur, faustulus rem animadvertit, os tulit .... Abbé Lhomond, *De viris illustribus.*	Amulius la fit jeter .... et fit jeter ses petits placés dans un berceau .... qui par hasard avait alors débordé .... Mais, quand le fleuve se retira, l'eau laissa les enfants .... Il y avait à l'époque de vastes déserts .... […] Comme la louve s'en revenait souvent .... comme auprès de ses propres petits, Faustulus remarqua la chose, emporta les enfants ....

1. *Curia, ae,* f : la curie, située sur le forum à Rome, était le lieu dans lequel se réunissait le sénat.

Corrigés des exercices page 193

57 L'EXPRESSION DU TEMPS

JE RETIENS

▮ Le complément circonstanciel de temps peut être en latin :

• un **adverbe** : *deinde* : ensuite ;

• un **groupe nominal** introduit ou non par une préposition : s'il exprime une **date**, il se met à l'ablatif. S'il exprime une durée, il se met à l'accusatif ;

• un **ablatif absolu** (se reporter à la fiche 43) ;

• une **proposition subordonnée.**

▮ À l'indicatif

Elle peut être introduite par les conjonctions de subordination suivantes :

– *ut*, *ubi* (quand, lorsque) ; *ubi primum* (dès que) ; *quamdiu* (aussi longtemps que) ; *postquam* (après que) ; *quotiescumque* (chaque fois que) ;

– *cum* (lorsque) : si *cum* est employé avec l'indicatif, il marque seulement le moment ou la répétition d'un fait ;

Ex. : ***Cum*** *noctua cecinit, multi timent.* Lorsque la chouette chante, beaucoup ont peur.

– *antequam*, *priusquam* (avant que) ;

Ex. : *Non dormiam* ***antequam*** *haec perfecero.* Je ne dormirai pas avant d'avoir fini cela.

– *dum*, *donec* (jusqu'au moment où) ; [*dum* + ind. = pendant que].

Ex. : *Exspecta* ***dum*** *rediero.* Attends que je reviennc.

▮ Au subjonctif

Certaines des conjonctions déjà étudiées peuvent se construire également avec le subjonctif ; elles ont dans ce cas-là une valeur particulière : ainsi ***cum***, dans un récit au passé, marque l'**enchaînement des faits** et ajoute une **nuance de cause.**

Ex. : « ***Cum*** *Athenae florerent, nimia libertas civitatem miscuit* ». Lorsque (et parce que) Athènes était florissante, l'excès de liberté bouleversa la ville.

• **Remarque :** comme pour les complétives, la concordance des temps est respectée dans ces subordonnées. Le présent et l'imparfait du subjonctif indiquent que l'action de la subordonnée se passe en même temps que celle de la principale. Le plus-que-parfait du subjonctif indique que l'action de la subordonnée se déroule avant l'action de la principale.

Je vérifie

	vrai	faux
1. *Cum* peut être suivi de l'indicatif et du subjonctif.	☐	☐
2. Pour traduire « avant que » j'utilise la conjonction de subordination *dum*.	☐	☐

1. vrai – 2. faux.

Je m'entraîne

1 Dans ces deux phrases de Tite-Live, mets entre crochets les propositions subordonnées de temps.

« Creato dictatore primum Romae, postquam praeferri secures viderunt, magnus plebem metus incessit. » *« Imperator Latinus, ubi cohortem exsulum a dictatore Romano prope circumventam vidit, ex subsidiariis manipulos aliquot in primam aciem secum rapit. »*	« Après la création du premier dictateur romain, après qu'ils eurent vu les haches qui le précédaient, une grande crainte envahit la plèbe. » « Le général latin, quand il vit le bataillon des exilés sur le point d'être cerné par le dictateur romain, prend quelques compagnies de réserve et se jette avec elles en première ligne. » Tite-Live, *Histoire romaine*, II, XVIII, XX

2 Mets les conjonctions de subordination suivantes dans les phrases auxquelles elles appartiennent (n'oublie pas d'observer le mode du verbe de la subordonnée) : *dum, cum, ut, postquam.*

1. Cicero, ... milites Antonii eum caperent, impediit ne servi sui vi resisterent. (Cicéron, alors que les soldats d'Antoine l'arrêtaient, empêcha que ses esclaves ne résistassent par la force.)
2. .... Hercules leonem Nemeaeum vidit, eum statim adgressus est. (Quand Hercule vit le lion de Némée, il l'attaqua aussitôt.)
3. .... totam Asiam vicit, Alexander populos viventes trans Indum devincere voluit. (Après qu'Alexandre eut vaincu toute l'Asie, il voulut soumettre les peuples vivant au-delà de l'Indus.)
4. .... civitates pacat, Caesar obsides accepit. (Pendant que César pacifiait les cités, il reçut des otages.)

Corrigés des exercices page 193

58 L'EXPRESSION DE LA CAUSE

JE RETIENS

▮ La valeur causale peut être exprimée de différentes façons dans un texte latin à l'aide :

- des mots-outils : *nam* (car) ; *enim* (en effet) ;
- d'un mot ou groupe de mots à l'ablatif : *regum timore* (par crainte du roi) ;
- d'un mot ou groupe de mots précédé des prépositions *propter* + acc. (à cause de) ou, dans les phrases négatives, *prae* + abl. (en raison de) ;
- d'un ablatif absolu : *Deis cultis, templa condimus* (puisque les dieux sont loués sont adorés, nous construisons des temples) ;
- d'une proposition subordonnée **à l'indicatif** introduite par ***quoniam* (puisque), *ut* (vu que, étant donné que), *quia* (parce que), *quod* (parce que)**. Lorsque *quod* est suivi de l'indicatif, il indique une cause réelle, qui ne peut être mise en doute.

Ex. : *Laboro* ***quod*** *cogor.* Je travaille parce que j'y suis obligé.

- d'une proposition subordonnée **au subjonctif** introduite par ***cum* (comme, puisque), *quod* (sous prétexte que ; parce que, dit-on…)**.

Quod suivi du subjonctif indique une cause dont on ne peut affirmer la réalité.

Ex. : *Socrates accusatus est* ***quod*** *juventutem corrumperet.* Socrate fut accusé parce que, disait-on, il corrompait la jeunesse.

▮ Les verbes de sentiment, qui se construisent en général avec une proposition infinitive, peuvent également se construire avec une proposition subordonnée de cause :

- à l'indicatif si la cause est un fait réel : *gaudet* ***quod*** *dives est* : il se réjouit parce qu'il est riche ;
- au subjonctif si la cause correspond à une pensée du sujet : *gaudeo* ***quod*** *tibi profuerim* : je me réjouis à l'idée de t'avoir été utile (parce que peut-être je t'ai été utile).

JE VÉRIFIE

	vrai	faux
1. L'ablatif sans préposition peut exprimer un complément circonstanciel de cause.	☐	☐
2. Lorsque *quod* traduit une hypothèse, il est suivi de l'indicatif.	☐	☐
3. Les verbes de sentiment se construisent de deux façons différentes.	☐	☐

1. vrai – 2. faux – 3. vrai.

JE M'ENTRAÎNE

1 Place ces compléments circonstanciels de cause dans les phrases suivantes : *propter civium multitudinem* ; *peste* (*pestis, is*, f : la peste) ; *aequitate* (*aequitas, atis*, f : le sens de l'équité) ; *propter multas victorias*.

1. Dux .... clarus fuit.
2. Consul .... quibusdam (par certains) invisus (détesté) est.
3. .... imperator facile procedere (s'avancer) non poterat.
4. Multi cives .... mortui sunt.

2 Traduis les phrases suivantes en étant attentif à la construction et à la traduction de *cum*.

1. Cum legati in Italia essent, consul eos accepit. ....
....
2. Cum legati in Italia venerunt, multa monumenta viderunt. ....
....
3. « Aebutius, cum saucio brachio (de son bras blessé) tenere telum (arme) non posset, pugna excessit (excedo : quitter). » (Tite-Live)
....
4. Metus hostillis (la crainte de l'ennemi) in bonis artibus (*ars, artis* : conduite) civitatem retinebat sed, cum illa formido (crainte) mentibus decederet (*decedo* + abl. : s'échapper de), superbia (l'orgueil) incessit (*incedo, ere, cessi* : apparaître).
....

Corrigés des exercices page 193

59 L'EXPRESSION DE LA CONSÉQUENCE

JE RETIENS

▮ Les propositions subordonnées de conséquence (appelées aussi consécutives) sont toujours au **subjonctif**.

• Elles sont introduites par :
– ***ut*** (de telle sorte que, si bien que) ;
– ***ut non*** (de telle sorte que… ne… pas, si bien que… ne… pas).

Ex. : *Est sapiens **ut** ceteros superet*. Il est sage de telle sorte qu'il surpasse les autres.

▮ La proposition subordonnée de conséquence est généralement annoncée par un mot introducteur, appelé **corrélatif** ;

• liste des adverbes corrélatifs : *tam* (+ adjectif ou adverbe) : si, tellement [*ut* : que] *ita*, *sic*, *tantum*, *adeo*, *eo* (+ verbe) : tellement, à tel point [*ut* : que].

Ex. : ***Tam** sapiens est **ut** ceteros superet*. Il est si sage qu'il surpasse les autres.

• liste des adjectifs corrélatifs : *talis, e ; is, ea, id* : tel [*ut* : que] ; *tantus, a, um* : si grand [*ut* : que] ; *tot* (indéclinable) : si nombreux [*ut* : que].

Ex. : *Ejus sapientas **talis** erat **ut** ceteros superaret*. Sa sagesse était telle qu'il surpassait les autres.

▮ Dans les propositions subordonnées de conséquence, on applique la concordance des temps. Lorsque la principale est au **présent** ou au **futur**, on emploie le **subjonctif présent** dans la subordonnée.

Ex : *Ejus sapientia talis **est** ut ceteros **superet***. Sa sagesse est telle qu'il surpasse les autres.

Lorsque la principale est à un **temps du passé**, on emploie le **subjonctif imparfait** dans la subordonnée.

Ex. : *Ejus sapientia talis **erat** ut ceteros **superaret***. Sa sagesse était telle qu'il surpassait les autres.

Je vérifie

	vrai	faux
1. Le mode employé dans les subordonnées consécutives est l'indicatif.	☐	☐
2. La proposition subordonnée est souvent annoncée dans la principale par un mot-outil.	☐	☐

1. faux – 2. vrai.

Je m'entraîne

1 Conjugue le verbe entre parenthèses au temps du subjonctif qui convient, puis traduis la phrase obtenue.

1. Consul ille tam probus fuit ut omnes cives eum (*laudo, as, are, avi, atum* : louer). ....

2. Rex tantis opibus (richesses) abundat (regorge) ut magnum aureum pontem (*facio, is, ere, feci, factum* : faire, ici peut avoir le sens factitif de « faire faire »). ....

2 Mets les subordonnées de conséquence où il convient : *non ut odio permotus esse videar ; ut non jumenta solum sed elephanti etiam deduci possent ; ut ignoraret maritus.*

1. « Nunc vero quae tua est ista vita ? Sic enim jam tecum loquar, ..., quo debeo, sed ut misericordia, quae tibi nulla debetur. » (Cicéron, *Catilinaires*, I, 16,17 : discours de Cicéron au sénat contre son adversaire Catilina)

2. Filius decessit. Mater huic funus paravit, ita duxit exsequias .... (d'après Pline le Jeune)

3. « Ita torridam incendio rupem ferro pandunt molliuntque anfractibus modicis clivos .... » (idem)

3 Voici la traduction des propositions subordonnées de conséquence des phrases de l'exercice 2. En indiquant le numéro de la phrase, rends à chaque subordonnée sa traduction.

1. De sorte que son mari n'en sût rien.
2. De sorte que je ne paraisse pas animé par la haine.
3. De façon à pouvoir faire descendre non seulement les bêtes de somme mais aussi les éléphants.

Corrigés des exercices page 194

60 L'EXPRESSION DU BUT

JE RETIENS

▮ Les propositions subordonnées de but sont toujours au **subjonctif**.

▮ Elles sont introduites par :
– ***ut*** : pour que, afin que, pour + infinitif, afin de + infinitif ;
Ex. : *Audis* ***ut*** *discas* : écoute pour apprendre.
– ***ne*** : pour que… ne… pas, afin que… ne… pas, de peur que, pour ne pas + infinitif, afin de ne pas + infinitif, de peur de + infinitif.
Ex. : *Hoc fecit* ***ne*** *poenas daret*. Il a agi ainsi pour ne pas être puni, de peur d'être puni.

▮ Dans les propositions subordonnées de but, on applique la **concordance des temps.**
– Lorsque la principale est au **présent** ou au **futur**, on emploie le **subjonctif présent** dans la subordonnée.
Ex. : *Labora ut* ***vivas.*** Travaille pour vivre.
– Lorsque la principale est à un **temps du passé**, on emploie le **subjonctif imparfait** dans la subordonnée.
Ex. : *Servus tacuit ne dominus eum audiret*. L'esclave se tait pour que le maître ne l'entende pas.

JE VÉRIFIE

	vrai	faux
1. Les propositions subordonnées de but sont au subjonctif.	☐	☐
2. *Ut* signifie « pour que… ne… pas ».	☐	☐
3. Si le verbe de la principale est au parfait, on trouve le subjonctif imparfait dans la subordonnée.	☐	☐

1. vrai – 2. faux – 3. vrai.

JE M'ENTRAÎNE

1 Conjugue les verbes entre parenthèses au subjonctif en choisissant le temps qui convient.

1. Agricola multos servos mittit ut agros *(colo, is, ere, colui, cultum).*
....

2. Carthaginienses ad Scipionem senatores miserunt ut pacem (*peto, is, ere, petii, petitum* : demander). ....

3. Cerberus inferorum limen defendit (présent) ne ullus mortalis *(venio, is, ire, veni, ventum).* ....

4. Romani fugam simulaverunt ut Gallos *(vinco, is, ere, vici, victum).*
....

2 Traduis les phrases obtenues dans l'exercice 1.

Lexique : *agricola, ae*, m : le paysan ; *Carthaginienses, ium*, m plur. : les Carthaginois ; *Scipio, onis* : Scipion, consul romain ; *senator, oris*, m : le sénateur ; *Cerberus, i*, m : Cerbère, le chien des Enfers ; *Inferi, orum*, m plur. : les Enfers ; *limen, inis*, n ; l'entrée ; *ullus mortalis* : aucun mortel ; *simulo, as, are, avi, atum* : simuler.

1. ....
2. ....
3. ....
4. ....

3 Dans la phrase suivante, encadre la proposition subordonnée de but.

Consul P. Cornelius Scipio, cum Pisas navibus venisset, ad Padum festinavit ut cum hoste nondum refecto manus consereret. Le consul P. Cornélius Scipion, alors qu'il était arrivé à Pise avec ses navires, accéléra sa marche vers le Pô, de façon à engager la bataille avec un ennemi qui n'aurait pas refait ses forces. (D'après Tite-Live, *Histoire romaine*, XXI, XXXIX : épisode des guerres puniques, bataille du Tessin)

Corrigés des exercices page 194

Partie Civilisation

61 Du latin au français

Je retiens

▮ Lorsqu'on fait des études de latin aujourd'hui, on s'attache principalement à étudier le **latin classique**, c'est-à-dire une langue parlée à Rome entre le **Ier siècle avant J.-C. et le Ier siècle après.**
Mais en fait, au fil des siècles et particulièrement au IIe siècle après J.-C., le latin est une langue parlée dans tout le territoire conquis qui forme l'**Empire romain.**

▮ Tandis que la langue latine plus classique et littéraire reste celle d'une élite riche et cultivée, un **latin oral**, dit **vulgaire** (c'est-à-dire du peuple), se répand dans tous les autres milieux : marchands, soldats, paysans.
En **Gaule, devenue romaine après 58 avant J.-C.**, c'est ce latin populaire qui va s'imposer et faire disparaître la langue gauloise orale dont il ne reste quasiment pas de traces en français alors que 80 % du vocabulaire de notre langue sont issus du latin.

▮ On appelle **romanes** les langues européennes issues de ce latin vulgaire dit aussi **bas latin**. Outre le français, on compte parmi elles l'italien, l'espagnol, le portugais, le roumain, mais aussi des langues régionales comme l'occitan (parlé dans le sud de la France) et le catalan (parlé au nord de l'Espagne).

▮ En France, c'est une des langues d'**oïl**, le **francien**, parlé en Île-de-France (région parisienne), qui va s'imposer et se transformer pour donner le français tandis qu'un latin classique demeure pour les élites cultivées comme le clergé. Le français, langue parlée, s'impose au fil des siècles au détriment du latin appelé à disparaître en tant que langue vivante. En 1539, par l'ordonnance de Villers-Cotterêts, François Ier abolit l'usage du latin, resté en vigueur dans l'Église et les tribunaux, au profit du français.

JE VÉRIFIE

	vrai	faux
1. L'anglais fait partie des langues romanes.	☐	☐
2. Il y a de nombreux mots gaulois dans notre langue.	☐	☐
3. Il y avait en France plusieurs dialectes issus du bas latin.	☐	☐

1. faux – 2. faux – 3. vrai.

JE M'ENTRAÎNE

1 Relie deux mots français au mot latin dont ils sont tous deux originaires (on appelle ces deux mots des doublets).

1. Potion •	
2. Fragile •	• Fragilem
3. Né •	
4. Nager •	• Navigare
5. Frêle •	
6. Naïf •	• Directum
7. Droit •	
8. Naviguer •	• Potionem
9. Poison •	
10. Direct •	• Nativum

2 Voici des mots de latin savant ou populaire. Relie par une flèche le mot latin au mot français qui en est issu. En t'aidant de leur traduction, retrouve les couples de mots latins (l'un savant, l'autre populaire) qui avaient le même sens.

1. Caput, itis, n •	• Cheval
2. Equus, i, m •	• Capitale
3. Testa, ae, f •	• Tête
4. Caballus, i, m •	• Équitation

1er couple : .... **2e couple : ....**

3 Souligne dans cette liste les mots qui viennent directement du latin, sans avoir subi aucune transformation phonétique.

Agenda – cambuse – et caetera – lavabo – posthume – incognito – autobus-photo – duc – référendum – terminus – visa – panorama.

Corrigés des exercices page 194

62 LES ORIGINES DE ROME

JE RETIENS

▮ Selon la légende, c'est **Romulus** qui aurait fondé Rome à une date que l'on a fixée à **753 avant J.-C.** selon la tradition.

▮ La réalité des origines de la ville est bien différente. On pense que **le site de Rome a été choisi en fonction de sa position géographique**. Pour les peuples de Latins établis sur les hauteurs d'Albe (monts à l'est de Rome), les **sept collines** de la future ville représentaient un **site facile à fortifier et à défendre**, surplombant des marécages et le Tibre. On situe les débuts encore timides de la ville vers le **VIIIe siècle avant J.-C.** Des traces de ce premier habitat ont été mises au jour par les archéologues : il s'agit de **cabanes** enfouies depuis l'Antiquité sur le mont Palatin.

▮ Ce sont les **Étrusques**, autre peuple vivant au nord de Rome, en Toscane actuelle, qui au VIe siècle avant J.-C., lancés dans leurs conquêtes d'expansion, firent de l'agglomération latine et sabine **une véritable ville de plus grande importance**. Ce sont eux en effet qui parvinrent à **assécher les marécages** nombreux sur le site, à **installer un réseau d'égouts** et à lancer divers **travaux** de grande importance pour le **développement de Rome**.

Voici un **plan de la ville** à ses débuts :

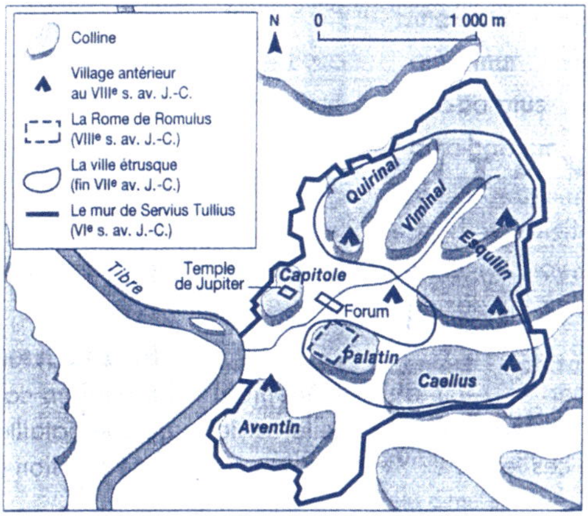

Je vérifie

	vrai	faux
1. Rome a été fondée par Romulus.	☐	☐
2. Le site de Rome possède huit collines.	☐	☐
3. Le Tibre arrose Rome.	☐	☐

1. faux – 2. faux – 3. vrai.

Je m'entraîne

1 À quelle époque (1) et sous l'influence de quel peuple (2) peux-tu ranger les constructions suivantes ?

1. L'enceinte en pierres de Servius Tullius, 2. le pont Sublicius à l'origine en bois, 3. le temple de Vesta et la Regia, ancienne demeure du grand pontife, 4. le plus important des prêtres de Rome.

(1) : ....

(2) : ....

2 Relie par une flèche les constructions de Rome aux endroits de la ville où elles se situent.

1. Premières cabanes	•	•	Au pied du Capitole
2. Pont Sublicius	•	•	Sur le mont Palatin
3. Forum	•	•	Sur le Forum
4. Temple de Jupiter	•	•	Sur le Capitole
5. Borne du miliaire d'or[1]	•	•	Sur le Tibre

3 Complète ensuite par toi-même la petite notice de présentation suivante sur la ville de Rome.

La ville s'est rapidement développée au delà-de l'............................ qui entourait les .... Le ...., berceau des premières habitations de la ville, est resté par la suite le cœur historique et résidentiel de la cité. Ancienne forteresse, le .... est la colline sacrée où a été édifié le .... Entre ces deux prestigieuses collines, s'étend le ...., qui fut par la suite complété par d'autres places, étant devenu trop petit.

1. Borne qui servait de point de départ à toutes les voies de la ville.

Corrigés des exercices page 194

63 LES HÉROS DES DÉBUTS DE ROME

JE RETIENS

Glorifiés ensuite par les récits des poètes, certains personnages des temps primitifs et donc légendaires de la ville se sont distingués.

• Tout d'abord, les Romains ont aimé à la suite de **Virgile** et de l'*Énéide* (son épopée) faire remonter l'histoire des origines de leur cité au **héros troyen Énée.** Ainsi, ce dernier ayant fui la destruction de Troie par les Grecs se serait senti investi de la mission de **fonder une nouvelle Troie** et le **site de Rome** fut pressenti comme étant l'**endroit prédestiné pour cette fondation** qui eut lieu quelques siècles plus tard par son descendant Romulus. En effet, dans certaines versions de la légende de la famille de Romulus, il est apparenté à Énée.

• En débarquant dans le **Latium**, Énée aurait laissé une descendance parmi laquelle on trouve beaucoup plus tard **Procas, roi de la ville d'Albe**. L'un de ses fils, **Numitor**, obtint le pouvoir, mais son frère **Amulius** l'en chassa et condamna sa fille à être vestale et à rester vierge pour le priver de descendance. Mais **Rhéa Silvia** eut du **dieu Mars**, selon la légende, **deux enfants** que son oncle, fou de rage, fit jeter dans le **Tibre.**

• **Romulus et Rémus** furent recueillis par une **louve** qui les nourrit telle une mère, puis par un **berger**. Devenus grands, ils décidèrent de **fonder une ville** mais une **querelle** éclata entre eux au moment de la fondation. **Romulus** tua son frère et resta **seul à fonder Rome**. Les premiers habitants de la cité furent des bergers et, dit-on, des brigands. Il fallut trouver des femmes pour engendrer une descendance dans cette nouvelle ville. Les premiers Romains reçurent à l'occasion de jeux leurs voisins les **Sabins** et leur volèrent leurs femmes. Celles-ci réussirent à apaiser les querelles et devinrent les premières épouses des Romains. À sa mort, Romulus fut élevé au rang de dieu sous le nom de **Quirinus**.

• Plus tard, d'autres héros se distinguèrent par leur courage ou leur esprit rusé. Sous le règne de Tullius Hostilius, une guerre meurtrière éclata entre Rome et Albe. Pour mettre un terme à ce conflit, les chefs des deux peuples conclurent un accord : trois frères devaient défendre chaque camp, les **Horaces** pour Rome et les **Curiaces** pour Albe. Le dernier Horace remporta la victoire sur le dernier Curiace et sauva Rome.

Je vérifie

	vrai	faux
1. Romulus est un descendant d'Énée.	☐	☐
2. L'enlèvement des Sabines permit de peupler Rome.	☐	☐
3. Les Curiaces furent les vainqueurs des Horaces.	☐	☐

1. vrai – 2. vrai – 3. faux.

Je m'entraîne

1 Traduis, en t'aidant du vocabulaire, le texte suivant qui raconte les aventures d'Énée à Carthage (Afrique) lorsqu'il rencontra la belle reine Didon-Elissa.

Lexique : *Elissa, ae,* f : Elisa ; *Africa, ae,* f : l'Afrique ; *Troja, ae,* f : Troie ; *Aeneas, Aeneum* : Énée ; *mare, is,* n : la mer ; *condo, is, ere* : fonder ; *autem* : or ; *cum* + abl. : avec ; *ea* : elle ; *sed* : mais ; *jussu* + gén. : sur l'ordre de ; *amor, oris,* m : l'amour ; *se occido, is, ere, occidi* : se tuer.

Elissa Africae imperabat. Post Trojae bellum, Aeneas in mari navigavit. Novam patriam condere volebat. Cum autem in Africa venit, Elissam amavit et cum ea mansit. Sed deorum jussu fugere ex Africa debuit et Elissa amore se occidit.

2 Observe ces phrases tirées de l'ouvrage de l'abbé Lhomond *(De viris illustribus)* racontant la vie de Romulus, et leur traduction : remets-les dans l'ordre chronologique selon leur numéro.

Réponse : ....

1. « Romulus imaginem urbis magis quam urbem fecerat : deerant incolae. »	« Romulus avait fondé l'image d'une ville plutôt qu'une ville véritable : il lui manquait ses habitants. »
2. « Lupa, ut fama traditum est, ad vagitum accurrit, infantes lingua lambit (...) matremque se gessit. »	« Une louve, selon la tradition, accourut aux vagissements des enfants, les lécha (...) et se comporta avec eux comme une mère. »
3. « Deinde Romulus et Remus urbem in iisdem locis ubi expositi educatique fuerant condiderunt. »	« Ensuite Romulus et Rémus fondèrent une ville en ce même endroit où ils avaient été abandonnés et élevés. »
4. « Proca, rex Albanorum, duos filios, Numitorem et Amulium habuit. Numitori, qui natu major erat, regnum reliquit ; sed Amulius, pulso fratre, regnavit. »	« Proca, roi des Albains, eut deux fils, Numitor et Amulius. Il laissa le trône à Numitor, qui était l'aîné ; mais c'est Amulius qui régna, après avoir chassé son frère. »

Corrigés des exercices page 194

64 La royauté ; les rois

Je retiens

▮ À Rome, pendant deux siècles, le système de gouvernement a été la **royauté** qui comprenait trois instances de gouvernement :

• **Le roi** : chef politique, militaire et religieux dont la charge n'est pas héréditaire. Il est choisi par le sénat.

• **Le sénat** : assemblée des chefs des familles importantes qui constitue le conseil du roi. Le sénat n'a pas un pouvoir très important mais certaines décisions, comme la guerre, lui sont soumises.

• **Les comices curiates** : assemblées de citoyens.

▮ Voici les sept rois et leurs principales caractéristiques :

– **Romulus,** le fondateur de la ville.

– **Numa Pompilius,** d'origine sabine : roi sage et pieux qui instaure les lois religieuses de la cité.

– **Tullius Hostilius,** d'origine latine : roi guerrier qui mène une guerre sanglante contre la ville d'Albe, voisine de Rome.

– **Ancus Martius,** petit-fils de Numa : mène une politique de grands travaux : pont Sublicius, port d'Ostie.

– **Tarquin l'Ancien,** le premier des rois étrusques. Il s'empare du pouvoir en évinçant les fils d'Ancus et adopte les insignes du pouvoir étrusque : sceptre, couronne et anneau d'or.

– **Servius Tullius :** il construit une grande enceinte à la ville et aurait classé les citoyens selon leur fortune en favorisant les plus riches dans les hautes fonctions militaires.

– **Tarquin le Superbe :** il tue Servius et mène une politique si brutale que les Romains se révoltent contre lui pour établir la République en 509 avant J.-C.

Je vérifie

	vrai	faux
1. La royauté à Rome dure quatre siècles.	☐	☐
2. Le sénat est l'assemblée du peuple.	☐	☐
3. Il y a eu sept rois à Rome.	☐	☐

1. faux – 2. vrai – 3. vrai.

JE M'ENTRAÎNE

1 Associe par une flèche la tâche ou le trait de caractère qui revient à chaque roi.

1. Romulus •	• Il a construit l'enceinte de la ville.
2. Numa Pompilius •	• C'est le premier roi étrusque.
3. Tullius Hostilius •	• C'est un roi violent et cruel.
4. Ancus Martius •	• C'est un roi pieux.
5. Tarquin l'Ancien •	• Il est le fondateur de Rome en 753 avant J.-C.
6. Servius Tullius •	• Il mène la guerre contre Albe.
7. Tarquin le Superbe •	• Il construit le pont Sublicius.

2 Classe selon l'origine de leur peuple et en les nommant les sept rois de Rome.

1. les Sabins : ....
2. les Latins : ....
3. les Étrusques : ....

3 En observant ces deux extraits de Tite-Live (*Histoire romaine*, livres I, IX, XXIII et XXXV), choisis le roi sous lequel se sont déroulés ces épisodes célèbres de l'histoire de la royauté : Romulus, Tullius Hostilius, Tarquin l'Ancien.

1. « Quibus indictis, sub tempus pueros venatum ablegavit. »	« La date fixée pour eux approchant, il éloigna, en les envoyant à la chasse, les fils d'Ancus. »
2. « Etiam Sabinorum omnis multitudo cum liberis ac conjugibus venit (…) Ubi tempus spectaculi venit, (…) signoque dato juventus Romana ad rapiendas virgines discurrit. »	« Les Sabins aussi vinrent tous en foule avec femmes et enfants (…). Le moment du spectacle venu (…) au signal donné, les jeunes Romains accourent çà et là, enlever les jeunes filles. »
3. « Albani priores ingenti exercitu in agrum Romanum impetum fecere. »	« Les Albains, les premiers, avec une immense armée, envahirent le territoire romain. »

Corrigés des exercices page 195

65 Les dieux

Je retiens

▪ Les Romains sont **polythéistes** c'est-à-dire qu'ils croient en de nombreux dieux.

En guise de religion officielle, **ils ont adopté les dieux grecs** et leur ont donné des noms latins parfois en rapport avec des dieux ressemblants déjà existants : Zeus a été assimilé à Jupiter, aux fonctions très importantes dans la Rome primitive…

De même, ils s'intéressent aux légendes de héros **mi-dieux, mi-mortels** comme Hercule, Ulysse, Jason…

• La **mythologie** est précisément l'ensemble des légendes qui racontent la naissance, les amours, les rivalités et les épisodes principaux de la vie de ces dieux et héros. Ces légendes plutôt orales ont aussi inspiré auteurs littéraires, peintres et sculpteurs dès l'Antiquité.

• Ils ont aussi conservé des dieux qui leur étaient propres (comme Janus par exemple, dieu à double visage, dieu des portes et des passages).

• Les Romains ont toujours été assez tolérants avec les dieux des autres peuples et les ont parfois adoptés en plus de leurs dieux propres : la déesse Isis, par exemple, est une divinité venue d'Égypte et dont le culte mystérieux va remporter un grand succès à Rome, en particulier sous l'Empire.

Si les chrétiens ont été persécutés dans les premiers temps de leur existence, c'est essentiellement car leur croyance en un dieu unique remettait en question les dieux déjà existants.

• Les Romains honorent de surcroît des **divinités domestiques** qui comprennent les dieux Lares, les mânes et les pénates et dont le culte se déroule individuellement dans chaque foyer.

Je vérifie

	vrai	faux
1. Les Romains sont monothéistes.	☐	☐
2. Un héros est un demi-mortel.	☐	☐
3. Hercule est un dieu.	☐	☐

1. faux – 2. vrai – 3. faux.

JE M'ENTRAÎNE

1 Relie chaque nom de dieu grec au nom latin qui lui correspond : ces douze dieux forment le panthéon traditionnel de ceux qui vivent ensemble sur l'Olympe.

1. Héra	Jupiter
2. Poséidon	Apollon
3. Aphrodite	Vesta
4. Apollon	Diane
5. Hermès	Mars
6. Déméter	Vulcain
7. Héphaïstos	Mercure
8. Artémis	Neptune
9. Athéna	Cérès
10. Zeus	Vénus
11. Hestia	Junon
12. Arès	Minerve

2 Associe par une flèche chaque dieu à son attribut (objet qui le caractérise).

3 Nomme le dieu, le héros ou le monstre de la mythologie désigné dans les phrases suivantes.

1. Il a accompli douze travaux extraordinaires : ....
2. Il a tué son père et a régné à sa place sur les dieux : ....
3. Il a mis dix ans à rentrer sur son île après la guerre de Troie : ....
4. Elle est la femme du roi des dieux : ....
5. C'est le mari d'Aphrodite qui est aussi laid qu'elle est belle : ....
6. C'est la déesse de l'intelligence et de la sagesse : ....
7. C'est le dieu du théâtre : ....
8. Chien à trois têtes, il est le gardien des Enfers : ....

Corrigés des exercices page 195

66 LA RELIGION

JE RETIENS

■ Elle occupe une place importante chez les Romains.

• Les chefs de la religion officielle sont les **pontifes**. À la tête du collège des pontifes, se trouve le Grand Pontife. Il choisit les **vestales**, les prêtresses du culte de Vesta et du foyer de la cité. Le collège des pontifes organise le culte des dieux officiels, distingue les jours fastes (favorables) et néfastes (défavorables) et fixe le calendrier des fêtes.

• Ce sont des prêtres **(sacerdotes)** qui assurent le bon déroulement des cultes pour gagner l'indulgence des dieux : le rite religieux principal consiste dans le sacrifice sanglant ou non sanglant **(libations de vin)** ; l'immolation d'animaux a lieu sur des autels installés devant les temples puisque seuls les prêtres ont le droit de pénétrer dans ceux-ci, où sont enfermées des statues des divinités.

• Les Romains cherchent aussi à lire dans l'avenir. Les **oracles** d'Apollon en sont un moyen. Ce sont des paroles sacrées et prophétiques qu'il transmet par la bouche de la Pythie, prêtresse de Delphes (ville-sanctuaire de Grèce), ou celle de la Sibylle, prêtresse de Cumes (ville de l'Italie du Sud). Les **présages** et les **auspices** sont des signes envoyés par les dieux et que les hommes doivent décrypter avec l'aide de prêtres spécialisés. Les **haruspices** lisent les volontés des dieux dans les entrailles des animaux.

• Les Romains sont donc extrêmement **superstitieux** dans toutes leurs décisions et tous leurs actes. Tout peut être un signe du destin.

• En outre, dans leur foyer, ils rendent un culte aux divinités domestiques (dieu Lare) en garnissant d'**offrandes** (vin, encens, miel) l'autel qui leur est consacré dans chaque demeure, le **laraire**.

JE VÉRIFIE

	vrai	faux
1. Le culte de la religion officielle est assuré par les vestales.	☐	☐
2. Le laraire est l'autel des dieux domestiques.	☐	☐

1. faux – 2. vrai.

Je m'entraîne

1 Complète ce texte qui raconte le déroulement d'un sacrifice dans la religion romaine : ***libation – entrailles – victime – statues – prédire – public – temples – animaux – prêtre – sacrifices.***

Les .... des dieux sont conservées dans des .... devant lesquels ont lieu les cérémonies de .... d'.......................... . Le ...., pur de toute souillure, procède au sacrifice en .... Il saupoudre la tête de la .... d'une mixture de farine et de sel et l'arrose d'une .... de vin ; ensuite on égorge l'animal ; une fois celui-ci dépecé, ses .... sont examinées afin de .... l'avenir.

2 Devine, d'après son monologue, le nom de la divinité qui s'exprime dans le prologue (début) de cette comédie de Plaute (IIIe siècle avant J.-C.), *La Comédie de la marmite*.

« Je suis .... de cette maison (…). Cette demeure, il y a bien des années que j'y suis installé, que j'y habite, pour protéger le père et l'aïeul de l'homme qui maintenant vit ici. »

3 Complète les deux phrases suivantes avec le vocabulaire religieux qui convient :

1. Les Anciens croient à la vie après la mort : l'âme se dégage du corps et si les rites funéraires sont bien accomplis, elle gagne le séjour des ....
2. Les Romains voient partout des ...., y compris dans les éclairs, les vols d'oiseaux, les rêves, les lueurs des torches et même les éternuements.

Corrigés des exercices page 195

67 La maison romaine

Je retiens

On distingue, chez les Romains, deux types d'habitations.

▮ Les **insulae** : immeubles de plusieurs étages, divisés en appartements indépendants de deux ou trois pièces. La base est construite en pierres, parfois en briques, mais les étages sont souvent posés sur des poutrelles de bois. La lumière et l'air proviennent de fenêtres donnant sur l'extérieur ou sur des puits intérieurs. Le rez-de-chaussée est souvent occupé par des boutiques ***(taberna)***.
Ces logis sont réservés à la location et destinés à un habitat populaire.

▮ La **domus** : c'est une maison particulière, généralement habitée par un riche Romain.
• La maison romaine n'est pas très ouverte sur l'extérieur. La lumière est en effet fournie par des cours intérieures, autour desquelles sont organisées les pièces.
• On retrouve un certain nombre de données communes à toutes les demeures : une fois qu'on a passé l'entrée (l'***ostium***) de la maison, on accède à l'***atrium***. Cette pièce carrée est caractérisée par son toit à quatre pentes, percé d'un trou carré (le ***compluvium***). La lumière pénètre dans la maison par cette ouverture et les eaux de pluie peuvent ainsi être recueillies dans un bassin (l'***impluvium***).
• C'est dans l'*atrium* que se trouve généralement le laraire ***(lararium)***, l'espace consacré aux dieux lares qui veillent sur la prospérité de la maison.
• Plusieurs chambres ***(cubicula)*** et une salle à manger ***(triclinium)*** entourent l'***atrium***.
• Une pièce importante se trouve à côté de l'***atrium***, entre celui-ci et le **péristyle** (jardin intérieur entouré de colonnes) : le ***tablinum***, bureau du ***paterfamilias*** (père de famille).

Je vérifie

	vrai	faux
1. Le riche Romain vit dans une belle demeure, l'*insula*.	☐	☐
2. L'*impluvium* est le bassin dans lequel on recueille l'eau de pluie.	☐	☐
3. Le péristyle correspond au bureau du maître.	☐	☐

1. faux – 2. vrai – 3. faux.

Je m'entraîne

1 Place sur ce schéma d'une maison romaine classique les pièces ou éléments suivants : *compluvium, tablinum, atrium, tabernae, peristylum, cubiculum.*

1.
2. Portier
3.
4.
5. Bibliothèque
6.
7. Salle à manger
8.
9.
10. Salon

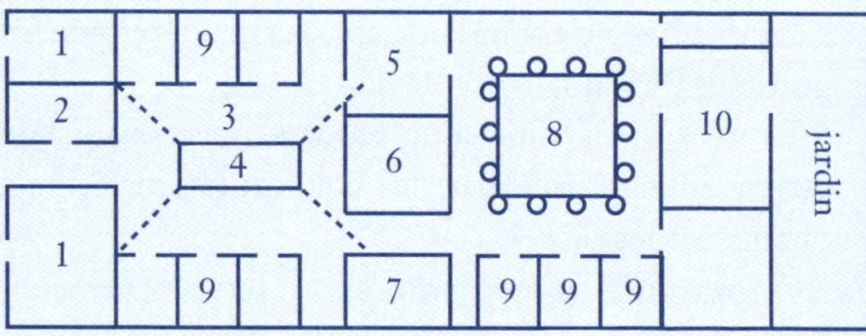

2 Dans les *Satires*, Juvénal décrit les différents types d'habitats romains (Satire III). Pline le Jeune, dans ses *Lettres*, évoque également ces habitations.

« Déjà on réclame de l'eau, déjà le troisième étage est en feu, et toi tu n'en sais rien. Depuis le rez-de-chaussée, c'est la panique : mais celui qui rôtira le dernier c'est le locataire qui n'est protégé de la pluie que par la tuile où les colombes langoureuses viennent pondre leurs œufs. » [Juvénal]

« La chambre à coucher d'une part et la salle à manger de l'autre forment un angle où les rayons les plus directs du soleil s'accumulent et se concentrent. » [Pline le Jeune]

1. De quel type d'habitat Juvénal parle-t-il ? Que lui reproche-t-il ?
2. Quelle habitation Pline le Jeune évoque-t-il ? Quel commentaire peux-tu faire sur la richesse ou la pauvreté du lieu décrit ?

Corrigés des exercices page 195

68 LES ÂGES DE LA VIE

JE RETIENS

Le tableau des âges de la vie

Mulier, eris, f : la femme	***Vir, i,*** m : l'homme
Infans (qui ne parle pas) : enfant jusqu'à environ 7 ans	
Puella, ae, f : la petite fille, la jeune fille	***Puer, i,*** m : le garçon de 7 à environ 17 ans
Virgo, inis, f : la jeune femme non mariée	***Adulescens, entis,*** m : le jeune homme jusqu'à 30 ans environ
Uxor, oris, f : la femme mariée	***Juvenis, is,*** m : l'homme dans la force de l'âge jusqu'à 45 ans environ
Matrona, ae, f : la mère de famille	***Senior, oris,*** m : l'homme mûr jusqu'à 60 ans
Anus, us, f : la vieille femme	***Senex, is,*** m : le vieillard

La naissance

L'enfant, à sa naissance, doit être reconnu et accepté comme membre de la ***familia*** (famille) par le ***paterfamilias*** (père de famille) qui a tous les pouvoirs sur les membres et les biens de sa famille. La reconnaissance du nouveau-né a lieu lors du ***dies lustricus***. S'il reconnaît l'enfant, le ***paterfamilias*** le prend dans ses bras, le purifie, lui passe autour du cou la ***bulla*** (petit médaillon) et lui donne un prénom.

Le mariage

L'âge légal du mariage est de quatorze ans pour les garçons et de douze ans pour les filles. Le jour des noces, on consulte les dieux et on offre un sacrifice à une divinité protectrice du couple ; puis les futurs époux joignent leur main droite en signe d'engagement mutuel.

JE VÉRIFIE

	vrai	faux
1. La fonction principale de la femme, dans l'Antiquité, est de donner des enfants à son mari.	☐	☐
2. Si l'on est appelé *adulescens*, c'est qu'on est un garçon âgé de 15 ou 16 ans.	☐	☐
3. Le jour des noces est appelé *dies lustricus.*	☐	☐

1. vrai – 2. faux – 3. faux.

JE M'ENTRAÎNE

1 À l'aide du nom latin indiqué entre parenthèses, trouve le mot français correspondant à chaque définition.

1. *(juvenis)* qui est propre à la jeunesse. ....
2. *(puer)* personne diplômée s'occupant des enfants en bas-âge. ....
3. *(senex, senis)* qui est caractéristique de la vieillesse. ....
4. *(senior)* titre honorifique donné aux personnes de haut rang. ....

2 Voici un extrait d'une courte lettre de Pline le Jeune à propos de l'éducation des enfants. Complète la traduction proposée.

« *Castigabat quidam filium suum quod paulo sumptiosius equos emeret. Huic ego juvene disgresso : « Heus tu, numquamne fecisti quod a patre corripi posset ? Fecisti ? Non interdum facis quod filius tuus, si repente ille pater, tu filius*[1], *pari gravitate reprehendat ? »* Pline le Jeune, *Lettres*, IX, XII	« Un homme punissait .... sous prétexte qu'il dépensait trop d'argent pour acheter des .... Une fois le .... parti, je lui dis : « Eh bien ! N'........ jamais rien .... qui pût t'être reproché par .... ?........................ ? De temps en temps .... te reprocherait avec la même sévérité si soudain lui devenait .... et toi .... ? »

3 Voici la fin de la traduction de cette lettre de Pline le Jeune. Lis-la attentivement puis réponds aux questions.

« Tous les hommes ne commettent-ils pas des erreurs ? L'un ne s'abandonne-t-il pas à tel défaut, l'autre à tel autre ?
Comme j'ai été alerté par cet exemple de sévérité excessive, je t'écris, en raison de notre affection réciproque, pour que jamais il ne t'arrive de traiter ton fils avec trop de rudesse et de dureté. Pense d'une part que c'est un enfant, d'autre part que tu l'as été, et agis en père, tout en te souvenant que tu es un être humain et le père d'un être humain. Adieu. »

1. À qui Pline le Jeune s'adresse-t-il ? Appuie ta réponse d'une citation du texte.
2. Pourquoi, selon toi, lui raconte-t-il cette histoire ?

Corrigés des exercices page 195

69 LES NOMS DE FAMILLE

JE RETIENS

▪ Le nom d'un Romain est composé de **trois éléments** : un nom ***(nomen)*** précédé d'un prénom ***(praenomen)*** et suivi d'un surnom ***(cognomen)***.

• Il n'existe qu'une vingtaine de prénoms latins ; on donne en effet souvent aux enfants de sexe masculin le même prénom qu'un de leurs ancêtres.

Dans les textes, les prénoms sont la plupart du temps abrégés :

Ap. (Appius)	M. (Marcus)	Ti. (Tiberius)
C. (Caius)	P. (Publius)	T. (Titus)
Q. (Quintus)	L. (Lucius)	

• Le *nomen* est le nom de la ***gens*** (lignée) à laquelle appartient le citoyen romain ainsi désigné. Ce nom, transmis à chaque génération, est appelé le **gentilice** *(gentilicium)*.

Il est terminé par le **suffixe *-ius*** et signifie : **qui appartient à la *gens* de**. Ainsi *Tullius* est le « nom de famille » désignant ceux qui appartiennent à la *gens* (famille) des *Tullii.*

C'est à partir du gentilice du ***paterfamilias*** que l'on forme le prénom d'une fille, en mettant ce nom au féminin.

• La troisième partie de l'appellation est un surnom ***(cognomen)***. Contrairement à notre usage du surnom, le ***cognomen*** appartient bel et bien à l'**identité** du personnage.

Le surnom évoque généralement une **particularité physique**.

Ex. : ***Calvus*** (le chauve), ***Barbatus*** (le barbu), ***Nasica*** (le grand nez)…

Parfois le *cognomen* illustre un **trait intellectuel** ou un **trait de comportement**.

Ex. : ***Balbus*** (le bègue), ***Caecus*** (l'aveugle), ***Brutus*** (l'idiot)…

On peut enfin porter un *cognomen* qui rappelle une **distinction honorifique** ou un épisode de la vie.

Je vérifie

	vrai	faux
1. L'abréviation C. désigne le prénom Caius.	☐	☐
2. L'appellation d'un Romain est constituée de deux éléments.	☐	☐
3. Le surnom d'un Romain n'est connu que de lui seul.	☐	☐

1. vrai – 2. faux – 3. faux.

Je m'entraîne

1 Quels prénoms français sont issus des mots latins suivants ?

1. *benedictus* (aimé du dieu) : ....
2. *florens* (en fleurs) : ....
3. *carus* (aimé, chéri) : ....
4. *clemens* (bon, doux) : ....
5. *margarita* (perle) : ....
6. *laetitia* (la joie) : ....

2 Retrouve le prénom de chaque auteur cité ci-dessous. Sais-tu sous quel nom ils sont restés célèbres dans la littérature ?

1. P. Ovidius Naso : ....
2. C. Petronus Arbiter : ....
3. L. Annaeus Seneca : ....
4. T. Maccius Plautus : ....

3 Complète la traduction du texte suivant.

« Tullius s. d. (salutem dat) Terentiae et Tulliae et Ciceroni[1]. *[…] Cum aut scribo ad vos aut vestras lego, conficior lacrimis. […] Quid Tulliola mea fiet ? Cicero meus quid aget ? »*	« .... adresse son salut à ...., ... et .... Lorsque je vous .... ou que je .... vos lettres, je fonds en larmes. Que deviendra .... ? Que fera .... ?

1. Lorsqu'on écrit une lettre à Rome, on commence par une formule de salutation incluant le nom de l'émetteur et celui du destinataire.

Corrigés des exercices page 195

70 LA GAULE

JE RETIENS

▮ Les Romains ont désigné sous le nom de **Gaulois** des **tribus celtes venues du nord de l'Europe**. Ces tribus se sont installées en Europe de l'Ouest du VIIIe au IIIe siècle av. J.-C.

• Après avoir fondé des colonies en Italie dans la plaine du Pô, les Gaulois décidèrent d'envahir la ville de Rome. En 390 av. J.-C., ils lancent leur assaut ; ce sont les **oies sacrées du Capitole** (oies promises au sacrifice) qui, par leurs cris, ameutent les Romains. Ceux-ci parviennent à repousser les Gaulois mais Rome est incendiée.

• Pour se protéger d'une nouvelle invasion des populations du Nord, les Romains cherchent rapidement à soumettre la Gaule cisalpine (du même côté des Alpes qu'eux). Ensuite, ils se lancent à la conquête de la Gaule transalpine (de l'autre côté des Alpes) qui deviendra la ***Provincia romana*** (vallée du Rhône et Languedoc). Rome veut dominer l'ensemble des peuples gaulois : les Belges, les Celtes et les Aquitains. Un général ambitieux va mener cette conquête : **Caius Julius Caesar**. La **guerre des Gaules** durera de 58 à 50 av. J.-C. et s'achèvera par la défaite du chef gaulois **Vercingétorix** à Alésia.

• César conquiert une **Gaule prospère** : la culture du blé y est importante ; les Gaulois ont de nombreux atouts dans le domaine agricole : invention de la charrue, utilisation des engrais… Cette Gaule se romanisera sans difficulté ; les capitales gauloises verront alors se modifier leur architecture, leurs monuments.

• De nombreux vestiges architecturaux gallo-romains sont encore visibles, notamment dans le sud de la France.

JE VÉRIFIE

	vrai	faux
1. On rencontrait des Gaulois de part et d'autre des Alpes.	☐	☐
2. Alésia représente une défaite pour Jules César.	☐	☐

1. vrai – 2. faux.

Je m'entraîne

1 Chacune des villes françaises mentionnées ci-dessous a gardé des vestiges de l'époque gallo-romaine. Retrouve le nom latin de chacune de ces villes.

1. Bordeaux •	• Vienna
2. Toulouse •	• Narbo Martius
3. Nîmes •	• Arausio
4. Narbonne •	• Nemausus
5. Marseille •	• Lugdunum
6. Vienne •	• Massilia
7. Orange •	• Burdigala
8. Lyon •	• Tolosa

2 Dans ses *Commentaires de la guerre des Gaules*, au livre I, Jules César décrit la Gaule. Lis attentivement l'extrait suivant puis réponds aux questions.

« Gallia est omnis divisa in partes tres, quarum unam incolunt Belgae, aliam Aquitani, tertiam qui ipsorum lingua Celtae, nostra Galli appellantur. Hi omnes lingua, institutis, legibus inter se differunt […]. Horum omnium fortissimi sunt Belgae […]. Proximi sunt Germanis, qui trans Rhenum incolunt. »

1. En combien de parties la Gaule est-elle divisée ? ....

2. Par quel peuple chacune de ces parties est-elle habitée ? ....
....

3. Un de ces peuples peut être désigné de deux façons. Quelles sont ces deux appellations ? Quelle différence y a-t-il entre elles ? ....
....

4. Où vivent les Germains ? ....

5. Traduis les passages soulignés à l'aide du lexique. ....
....
....
....

Lexique : *omnis, e* : tout, toute ; *incolo, is, ere* : habiter, occuper ; *alius, alia, aliud* : un(e) autre ; *institutum, i,* n : habitude ; *differo, ferre* : différer, être différent ; *se* : eux.

Corrigés des exercices page 196

71 Les animaux

Je retiens 

Les animaux familiers

• Les Romains s'entourent d'**animaux domestiques** qu'ils choisissent en fonction de leur lieu d'habitation, la ville ou la campagne.

• Les nombreuses mosaïques montrent que le **chien** ***(canis, is)*** est un animal familier répandu (garde, chasse).

• Les **oiseaux** ***(avis, is)*** sont aussi très appréciés des Romains pour leurs chants mélodieux (mainates, rossignols…) ou pour la qualité de leur chair (canards, pigeons…).

• Les oiseaux sont également utilisés à des fins religieuses : un **augure** (prêtre) est chargé d'interpréter leur vol : le présage est favorable s'ils viennent de la droite, défavorable s'ils viennent de la gauche.

• Parmi les animaux familiers aux Romains, on compte enfin le **cheval** qui sert aux transports, à la chasse mais également pour les loisirs (les courses).

Quelques animaux fabuleux

• Les Romains sont fascinés par les animaux fabuleux, qui symbolisent pour la plupart le mal, vaincu par la force et le courage.

• **Cerbère**, chien à trois têtes avec une queue formée par un serpent et ayant sur le dos une multitude de têtes de serpents, garde les Enfers, empêchant les vivants d'y entrer et les morts d'en ressortir.

• **Pégase**, cheval ailé divin, aide Bellérophon à tuer la **Chimère,** animal fabuleux qui tient de la chèvre et du lion et souffle des flammes.

• Le **Phénix** est un oiseau fabuleux originaire de l'Éthiopie. Son aspect est celui d'un aigle d'une taille considérable et son plumage resplendit des plus belles couleurs. Cet oiseau a la particularité de mourir puis de renaître.

Les **croyances populaires** sont très répandues : on croit aux loups-garous, aux vampires et aux griffons, monstres à corps de lion, à tête et à ailes d'aigle.

JE VÉRIFIE

	vrai	faux
1. Un augure est un oiseau domestique.	☐	☐
2. Les courses de chars tirés par des chevaux ont lieu au cirque Maxime.	☐	☐
3. Le griffon est le chien qui garde les Enfers.	☐	☐

1. faux – 2. vrai – 3. faux.

JE M'ENTRAÎNE

1 Fais correspondre ces noms d'animaux en latin à leur traduction française.

1. equus, i •	• mouton
2. ovis, is •	• cigogne
3. cervus, i •	• grenouille
4. ciconia, ae •	• bœuf
5. rana, ae •	• lion
6. leo, leonis •	• loup
7. bos, bovis •	• cheval
8. lupus, i •	• oiseau
9. avis, is •	• cerf

2 À partir des noms latins évoqués dans l'exercice précédent et dans la leçon, retrouve le mot français correspondant aux définitions données.

Ex. : art de monter à cheval : équitation (*equi*-tation)

1. Éleveur d'oiseaux : ....
2. Adjectif qui désigne ce qui concerne l'équitation : ....
3. Un élevage de moutons est un élevage : ....
4. Dent pointue entre les prémolaires et les incisives : ....
5. Petite grenouille aux doigts munis de ventouses : ....
6. Qui appartient au lion : ....
7. Race à laquelle appartient le bœuf : ....

Corrigés des exercices page 196

72 Les débuts de la République

Je retiens

▮ Sous la **domination étrusque,** au VIe siècle av. J.-C., Rome s'est constituée en ville puissante par rapport à ses voisins du **Latium**. Mais **Tarquin le Superbe** se révèle un roi trop cruel et tyrannique.
Les grandes familles de Rome décident de le chasser du trône en **– 509.**
Les Romains proclament **un nouveau régime politique, la République.**

▮ Dans ce régime, les citoyens et en particulier ceux des grandes familles (les **patriciens**) ont plus de pouvoir.
C'est aussi un moyen pour les Romains de se libérer de la domination étrusque qui fut pourtant fondamentale dans le développement des constructions et des coutumes.

▮ Tarquin ne s'avoue pas vaincu. Avec l'aide d'un roi étrusque du voisinage, **Porsenna**, il décide l'attaque de Rome et **la ville est menacée.**

▮ **Trois héros**, dont une jeune fille, vont particulièrement s'illustrer dans la guerre contre Porsenna :
– **Horatius Coclès** a défendu à lui tout seul l'accès du pont Sublicius aux soldats de Porsenna.
– Le jeune noble **Mucius** s'est introduit auprès du roi Porsenna pour le tuer et, fait prisonnier, a brûlé par bravade sa main droite devant Porsenna qui le laissa libre.
– La jeune **Clélie** parvint à s'échapper du camp de Porsenna et aida à la libération d'autres Romains. Ensuite, réclamée par le roi Porsenna, elle retourna au camp pour respecter la parole romaine mais Porsenna lui accorda aussi la liberté.

▮ Plusieurs guerres ont ensuite opposé les Romains à leurs voisins, Eques, Volsques, Samnites, puis aux Grecs du sud de l'Italie, ce qui ouvrit la porte à leur domination dans toute l'Italie.

JE VÉRIFIE

	vrai	faux
1. La République débute en 509 av. J.-C.	☐	☐
2. Les Romains chassent Tarquin l'Ancien du pouvoir.	☐	☐
3. Les Gaulois ont gagné la guerre contre les Romains.	☐	☐

1. vrai – 2. faux – 3. faux.

JE M'ENTRAÎNE

1 Relie chaque personnage à l'exploit accompli.

1. Titus Manlius	– traverser le Tibre à la nage
	– se battre tout seul contre les troupes de Porsenna
2. Horatius Coclès	– brûler sa main droite
	– se jeter dans le Tibre
3. Clélie	– sauver des femmes et des enfants otages
	– tuer le secrétaire
4. Mucius Scaevola	– se battre seul contre les Gaulois
	– exhorter ses compatriotes au combat

2 En t'aidant de la traduction, complète avec les mots suivants ce texte latin qui évoque Camille, un autre citoyen illustre des débuts de la République : *parens – patriae – triumphans – Gallos – dictator – occidit.*

« *Instruit deinde aciem, et* .... *internecione* ...., *recuperata ex hostibus patria,* .... *urbem ingressus est, et a militibus* .... *(…) appellatus est.* »	« Puis il aligne son armée, et il massacre les Gaulois jusqu'au dernier. […] Le dictateur, ayant repris sa patrie à l'ennemi, entra dans la ville en cortège triomphal, et fut appelé par ses soldats père de la patrie. » Abbé Lhomond, *De Viris illustribus*

Corrigés des exercices page 196

73 L'ORGANISATION POLITIQUE DE LA RÉPUBLIQUE

JE RETIENS

▮ Le régime politique de la **République** s'étend de **509 à 27 av. J.-C.** Durant plus d'un siècle, la République connaît des troubles car une partie des citoyens, privés de tout droit politique, les **plébéiens,** lutteront pour obtenir l'égalité avec les plus nobles familles, les **patriciens.**

▮ D'après **la loi des Douze Tables,** fondement du droit romain, le peuple entier est souverain. En réalité, les citoyens accédant aux magistratures, patriciens et riches plébéiens, ne représentent qu'une petite partie de la population ; par ailleurs, dans les assemblées de citoyens (les **comices**), seules les voix des plus riches sont prises en compte.

▮ Les trois instances de la République (c'est-à-dire de la ***res publica,*** mot à mot : « chose publique ») sont constituées par :

- les **assemblées directes de tous les citoyens** ou **comices** réunies au forum ou au champ de Mars : **comices centuriates** qui élisent les consuls, votent les lois et la guerre et **comices tributes** qui élisent certains magistrats, les questeurs, et votent les lois à main levée ;
- les **magistrats** (carrière des honneurs) : les **questeurs** qui collectent les impôts, les **édiles** qui veillent à l'approvisionnement et à l'entretien de Rome ainsi qu'aux jeux, les **préteurs** qui s'occupent des affaires judiciaires et les deux **consuls** qui président les assemblées et commandent les armées. On trouve aussi les **tribuns de la plèbe** qui défendent les intérêts de la plèbe ;
- le **sénat :** c'est une assemblée de 300 puis 1 000 anciens magistrats nommés par les censeurs ; elle représente la plus haute autorité en votant les lois par des sénatus-consultes. Elle s'occupe de politique extérieure et d'organisation des armées, des finances (montant des impôts) et des dépenses de l'État, et enfin elle veille à régler toutes les cérémonies religieuses.

JE VÉRIFIE

	vrai	faux
1. La République a duré sept cents ans.	☐	☐
2. Les comices sont les assemblées qui ont le plus de pouvoir.	☐	☐

1. faux – 2. vrai.

Je m'entraîne

1 Relie les définitions suivantes aux mots auxquels elles correspondent.

1. Valeur morale essentielle de la vie politique romaine •	• le questeur
2. Droit d'opposition propre aux tribuns de la plèbe •	• le cursus honorum
3. Gardes de certains magistrats	
4. Le consul, le préteur, le dictateur possèdent ce pouvoir suprême •	• les consuls
•	• l'amicitia
5. Les deux chefs de gouvernement •	• l'imperium
6. La carrière politique •	• le veto
7. Le magistrat qui veille aux impôts •	• les licteurs

2 Voici le début de l'un des célèbres discours que Cicéron prononça devant le sénat contre Catilina, instigateur d'une conjuration (un complot) contre la République, le 8 novembre 63. Replace les mots latins : *audacia, mores, consul, senatum, patientia nostra, furor iste tuus, senatus.*

« Quousque tandem abutere, Catilina, ... ? Quamdiu etiam .... nos eludet ? quem ad finem sese effrenata jactabit .... ? […] O tempora ! o .... ! .... haec intellegit, ... videt ; hic tamen vivit. Vivit ? Immo vero etiam in .... venit. »	« Jusqu'à quand enfin, Catilina, abuseras-tu de notre patience ? Combien de temps encore cet emportement que tu montres ici va-t-il échapper à nos coups ? […] Ô temps ! Ô mœurs ! Le sénat comprend cela, le consul le voit ; cependant, cet homme vit. Il vit ? Bien plus même, il vient au Sénat. » Cicéron : *Catilinaires*, I, 1, 2

3 À quelle instance appartiennent ces magistrats : sénat – comices - consulat ?

Corrigés des exercices page 196

74 LES GRANDS ÉVÉNEMENTS DE LA RÉPUBLIQUE (1)

JE RETIENS

De grands événements vont marquer ces siècles républicains : conquêtes, invasions, évolutions politiques, guerres civiles…

• **Les plébéiens obtiennent le pouvoir**

Parce qu'ils sont plus nombreux que les patriciens, les plébéiens obtiennent en **493 av. J.-C.** l'institution des **tribuns de la plèbe,** représentants légaux chargés de faire valoir les droits des plébéiens.

Les lois romaines vont être codifiées et gravées sur les **Douze Tables**.

• **Les attaques sur le territoire romain**

Dès le début de la République, Rome doit faire face aux attaques de ses proches voisins, notamment les Étrusques. La lutte les oppose pendant près d'un siècle mais les Romains, emmenés par Camille, triomphent lors de la prise de Véies, puissante ville étrusque, après dix ans de siège. Rome, menacée par d'autres peuplades, s'assure alors l'amitié des tribus latines et fonde une confédération latine.

• **L'invasion de Rome par les Gaulois** (390 av. J.-C.), mais en 367, dans la plaine du Pô, Camille impose aux Gaulois la défaite.

• **L'avancée des plébéiens**

La vie politique s'organise et la situation de la plèbe s'améliore.

En 367 av. J.-C., les plébéiens obtiennent le droit d'être consuls.

Dès 356 av. J.-C., un plébéien peut devenir dictateur ; dès 300 av. J.-C., il peut être censeur, puis prêtre puis augure.

• **La conquête de l'Italie** : 343-290 av. J.-C.

• **La conquête de l'Occident et de l'Orient** (264-146 av. J.-C.) : conquête de la Gaule cisalpine : 225-222 av. J.-C. ; conquête de la Grèce : 200-196 av. J.-C. ; guerres puniques.

JE VÉRIFIE

	vrai	faux
1. Les plébéiens sont issus des riches familles de Rome.	☐	☐
2. La première partie de la République est marquée par l'extension du territoire romain.	☐	☐

1. faux – 2. vrai.

Je m'entraîne

1 Lis ce récit que fait Tite-Live (*Histoire romaine*, II) de l'attaque des Gaulois en 390 av. J.-C. puis réponds aux questions.

« Les Gaulois tentèrent l'ascension, par une nuit faiblement éclairée, en envoyant en avant un homme sans armes, chargé de reconnaître le chemin. Derrière, partout où l'escalade était difficile, ils se passaient leurs armes les uns aux autres. Ils parvinrent au sommet dans un tel silence que les sentinelles ne les aperçurent pas et que les chiens, pourtant sensibles aux bruits nocturnes, ne les entendirent pas. Mais ils n'échappèrent pas à la vigilance des oies, consacrées à Junon, que l'on avait épargnées malgré la famine. C'est ce qui sauva la situation. Manlius, réveillé par leurs cris et battements d'ailes, saisit ses armes et appelle tout le monde au combat. Au milieu de l'affolement général, il se précipite sur un Gaulois qui s'est hissé au sommet, le renverse d'un coup de bouclier : le Gaulois entraîne dans sa chute ceux qui le suivent. Les autres, épouvantés, lâchent leurs armes pour s'agripper au rocher : Manlius les massacre. Les autres Romains accourent et criblent les Gaulois de flèches et de pierres. Écrasée, la troupe ennemie est précipitée dans le ravin. »

1. Les Gaulois ont pris toutes leurs précautions pour mener à bien leur assaut ; quels sont les indices qui te le prouvent ?
2. Pourquoi les Romains, qui connaissent une période de famine, n'ont-ils pas mangé ces oies ?
3. Qui est Manlius ? Quelles qualités montre-t-il ici ?

2 Traduis le texte suivant dans lequel un consul s'adresse aux plébéiens (Tite-Live, *Histoire romaine*, III, 67).

« Pro deum fidem[1], quid vultis ? Tribunos plebis concupiistis[2] : concordiae causa concessimus[3]. Decemviros desideravistis, creari[4] passi sumus[5]. »

---

1. *Pro deum fidem :* au nom des dieux.
2. *Tribunus plebis :* tribun de la plèbe ; *concupio, is, ere, ivi* : désirer.
3. *Concedo, is, ere, cessi :* accorder ; *causa* + gén. : à cause de, pour ; *concordia, ae*, f : concorde.
4. *Decemvir, i*, m : un des dix magistrats rédigeant les lois ; *desidero, as, are, avi* : désirer ; *creari* : que soient créés.
5. *Patior, pati, passus sum :* supporter (à traduire par un passé composé).

Corrigés des exercices page 196

75 Les grands événements de la République (2)

Je retiens

Le tribunat des Gracques

Les nombreuses guerres ou conquêtes ne tournent pas à l'avantage des paysans qui sont à la merci des grands propriétaires fonciers, de plus en plus nombreux parmi les sénateurs. Ainsi, **les intérêts du sénat s'opposent peu à peu à ceux du peuple. Tiberius Gracchus,** tribun en 134 av. J.-C., propose une réforme agraire visant à distribuer une partie de l'***ager publicus*** (domaine public) aux pauvres. Les conservateurs, opposés à ce projet, le feront assassiner. **Caius Gracchus,** son frère, reprend dix ans plus tard le même combat. Il sera lui aussi assassiné, en 121 av. J.-C.

La guerre entre Marius et Sylla

L'écart se creuse entre les partisans de réformes et les conservateurs. Entrent en scène les chefs militaires, poussés par leur ambition personnelle et appartenant soit au parti des ***populares*** (parti populaire) soit à celui des ***optimates*** (parti réactionnaire et aristocratique qui défend les pouvoirs du sénat).

En 107 av. J.-C., **C. Marius** devient consul. Il gagne la guerre contre le roi Jugurtha. Ce succès et le soutien de son armée lui vaudront d'être réélu consul pendant cinq ans. Avec lui, le parti populaire contrôle la vie politique. C'est cependant à un autre général que l'on fera appel pour mener la campagne en Orient : **Sylla,** élu consul en 88 av. J.-C. Avec lui est restauré le pouvoir de la noblesse sénatoriale. Il est nommé dictateur en 82 av. J.-C. ; il réforme alors le sénat et élimine ses adversaires. Cela marque le **« début de la fin » de la République.**

Les grandes affaires

Les hommes les plus puissants vont chercher à s'emparer du pouvoir et à maintenir leur domination.

Cicéron se présente au consulat en 63 av. J.-C. Il est élu face à **Catilina,** qui tramera donc un complot afin de faire un coup d'État. Mais sa conjuration est découverte ; Cicéron la dénonce ouvertement en pleine séance du sénat, prenant à parti Catilina.

Rome connaîtra encore d'autres guerres civiles.

Je vérifie

	vrai	faux
1. Les Gracques étaient deux frères, tous deux assassinés.	☐	☐
2. Marius appartenait au parti des *optimates*.	☐	☐
3. Cicéron est battu par Catilina lors de l'élection au consulat.	☐	☐

1. vrai – 2. faux – 3. faux.

Je m'entraîne

1 Rends à chaque personnage l'événement qui lui correspond.

1. Cicéron •   • victoire à Actium
2. Tiberius Gracchus •   • élu consul face à Catilina
3. Octave •   • élu consul en 107 av. J.-C.
4. Marius •   • défenseur d'une loi agraire

2 Salluste raconte dans une de ses œuvres la guerre menée contre Jugurtha. Il est ainsi conduit à brosser le portrait du futur vainqueur : Marius. Complète la traduction de ce portrait et réponds aux questions.

« Depuis longtemps déjà Marius brûlait d'obtenir le consulat ; il avait d'ailleurs pour y parvenir toutes les qualités requises, *praeter vetustatem*[1] *familiae : industria, probitas*[2], *militiae magna scientia*, une âme indomptable à la guerre, modeste dans la paix, inaccessible à la passion et à l'argent, uniquement *gloriae avidus.* Né à Arpinum où il fit sa première éducation, il s'entraîna dès qu'il eut l'âge de porter les armes non pas aux manières grecques ou aux plaisirs mondains mais à la vie des camps. Lorsqu'il sollicita *a populo tribunatum militarem*, sa seule réputation lui valut les suffrages de toutes les tribus. Ensuite, il s'était élevé de magistrature en magistrature et s'était conduit dans ses fonctions d'une façon telle qu'il paraissait toujours en mériter une plus importante. Cependant jusqu'à cette époque un homme d'un tel mérite n'osait porter ses vues sur le consulat. »

1. Quelles sont les qualités de Marius ?
2. Le défaut qui l'empêche d'être consul semble-t-il important par rapport à ses qualités ?
3. Salluste prend-il parti dans ce texte ?

---

1. *Praeter* : excepté ; *vetustas, atis,* f : ancienneté. 2. *Probitas, atis,* f : honnêteté ; *industria, ae,* f : énergie.

Corrigés des exercices page 196

76 Les grands hommes de la République

Je retiens 

Cicéron (106-43 av. J.-C.)

Cet homme politique, habile orateur, brillant avocat, est **élu questeur en Sicile en 76 av. J.-C. ;** il défend alors les Siciliens contre les exactions de leur ancien gouverneur Verres. **Élu consul en 63 av. J.-C.,** il déjoue la conjuration de Catilina et fait exécuter ses complices. Il pense alors avoir réuni autour de lui les ***optimates.*** Malheureusement il est accusé par le tribun Clodius d'avoir fait exécuter des citoyens sans jugement. Il est exilé en Grèce puis envoyé en tant que gouverneur en Cilicie. **De retour à Rome en 57 av. J.-C.** il abandonne le parti du sénat et obtient le pardon de César.

Son talent d'orateur lui a permis de faire connaître à l'**art oratoire** son apogée, tant dans ses plaidoyers *(Pro Milone)* que dans ses harangues politiques *(Les Catilinaires, Les Philippiques).*

Marius (157-86 av. J.-C.) et Sylla (138-78 av. J.-C.)

Issu de la classe équestre, excellent soldat, Caius Marius se distingue sous les ordres de Scipion Émilien en Espagne.

Élu **tribun en 119 av. J.-C.** puis **préteur en 116**, il sert comme lieutenant de Metellus pendant la guerre contre Jugurtha. Il finit par se présenter au consulat, malgré ses origines, et est **élu consul par le parti populaire en 107 av. J.-C.** Il symbolise alors la revanche de tous ceux qui ont été écartés des honneurs publics.

Sylla reçoit le commandement de la guerre contre Mithridate (roi du Pont) ; Marius, en 88 av. J.-C., décide de se faire octroyer ce commandement par le peuple. Éclate alors une guerre civile sanglante.

Après la mort de Marius (86 av. J.-C.), Sylla se fait nommer **dictateur** et ordonne à Rome des massacres et des confiscations.

Pompée (106-48 av. J.-C.)

Ce lieutenant de Sylla écrase les partisans de Marius en Afrique et en Sicile ; il y gagne le surnom de *Magnus* (le Grand). Il écrase la révolte de Spartacus, pacifie l'Espagne, et plus tard triomphe des pirates.

JE VÉRIFIE

	vrai	faux
1. Caton est l'homme de la lutte contre Catilina.	☐	☐
2. Marius obtient sans difficulté la reddition de Jugurtha.	☐	☐

1. faux – 2. faux.

JE M'ENTRAÎNE

Voici deux témoignages sur la vie de Cicéron, l'un de sa main, l'autre de celle de Sénèque. Lis attentivement ces deux textes puis réponds aux questions.

« Jeune, j'ai défendu la République ; vieux je ne l'abandonnerai pas ; j'ai méprisé les glaives de Catilina, je n'aurai pas peur des tiens. [Il s'adresse à Antoine.] Bien plus, je sacrifierai volontiers mon corps si par ma mort la liberté peut être rétablie dans la cité. […]
Moi-même, Pères conscrits, je dois désormais souhaiter la mort, après avoir accompli pleinement mes desseins et mon œuvre. Je ne souhaite que deux choses : d'abord qu'en mourant je laisse le peuple romain libre […], ensuite que le bonheur de chacun se mesure à ses mérites envers la République. »

Cicéron, *Philippiques*, II, 46

« Cicéron, ballotté au milieu des Catilina, Clodius, Pompée, Crassus, les uns ennemis déclarés, les autres amis incertains, jouet des flots avec la République qu'il tente de retenir pendant qu'elle sombre, pour être finalement entraîné avec elle, ne fut ni tranquille dans la prospérité ni patient dans l'adversité ; combien de fois a-t-il maudit ce fameux consulat qu'il a loué non sans raison mais sans limite ! […] Cicéron se dit à moitié libre : voilà un qualificatif auquel le sage ne s'abaissera jamais. »

Sénèque, *Sur la brièveté de la vie*, V

1. Quels sont les points communs entre ces deux jugements ?
2. Quelles sont les différences ?
3. Quelle métaphore Sénèque emploie-t-il pour montrer le déclin de la République et de Cicéron ?
4. Pourquoi Cicéron n'est-il pas un sage selon Sénèque ?

1. Suite de la citation : « Il vient au sénat, il note et désigne chacun d'entre nous pour un massacre. »

Corrigés des exercices page 197

77 Les catégories sociales à Rome

Je retiens

Les Romains se divisent **en deux grandes catégories** fondamentalement différentes.

- Il existe des **citoyens** (*civis, is,* m) de condition **libre** car nés de pères eux aussi citoyens.

Ils possèdent des droits civils et politiques mais ils sont aussi soumis aux devoirs de service militaire et de paiement de l'impôt. Ils sont répartis en trois classes :

• la **noblesse** (***nobilitas, atis,*** f) : issue des plus anciennes familles de Rome, sa richesse est due à l'exploitation de grands domaines agricoles.
• les **chevaliers** (***equites, um,*** m. plur.) : classe constituée de riches hommes d'affaires mais que leur activité économique prive du droit d'être sénateurs.
• la **plèbe** (***plebs, plebis,*** f) : pauvres citoyens artisans ou ouvriers, « clients » (***cliens, entis,*** m) de riches « patrons » (***patronus, i,*** m), réalité typiquement romaine : tous les matins, les clients se présentent dans le vestibule de leur patron et attendent leur sportule (sorte de salaire). En échange, le patron exige d'eux dévouement et soutien politique, surtout en cas d'élections.

- La deuxième grande catégorie de Romains est constituée d'**esclaves** (*servus, i,* m). Ils n'ont **aucun droit** et sont considérés comme des choses, apppartenant à leur maître (***dominus, i,*** m). Ils peuvent être esclaves de naissance car nés de parents esclaves ou bien ils ont été achetés par leur maître étant des prisonniers de guerre ou des personnes endettées. Certains esclaves pouvaient être **affranchis** (***libertus, i,*** m) en payant leur libération avec leurs économies ou bien en obtenant cette libération de la décision de leur maître lui-même.

Je vérifie

	vrai	faux
1. Les affranchis sont d'anciens esclaves.	☐	☐
2. Les patrons paient leurs clients.	☐	☐

1. vrai – 2. vrai.

JE M'ENTRAÎNE

1 En fonction de sa tenue et de son occupation, indique pour chaque personnage dessiné s'il s'agit d'un esclave, d'une servante, d'une maîtresse de maison, d'un patron ou de ses clients.

2 Voici quelques répliques du début et de la fin de la pièce de Plaute, *La Comédie au fantôme*. D'après leur façon de s'exprimer et le contenu des propos, coche la bonne réponse pour chacun des personnages.

« GRUMION : Sors de la cuisine, s'il te plaît, gibier de fouet, au lieu de venir faire de l'esprit [...] va-t'en, fléau du maître, quitte la maison [...].
TRANION : Qu'est-ce qui te prend, malheur de crier ainsi devant notre maison ? Tu te crois à la campagne ? Quitte cette maison, va à la campagne, va te faire pendre ! »

« TRANION : Que va-t-il advenir de moi ?
THÉOPROPIDÈS : Tu seras attaché à la poutre, être immonde, et battu. [...] Je te ferai mourir, par Hercule, aussi vrai que je vis. »

1. Grumion est ☐ un maître ☐ un esclave
2. Tranion est ☐ un maître ☐ un esclave
3. Théopropidès est ☐ un maître ☐ un esclave

3 Comment le philosophe Sénèque (4 ou 2 av. J.-C. – 65 apr. J.-C.) tente-t-il de considérer les esclaves d'après ces quelques phrases ?

« Je pense que tous les esclaves sont dignes de miséricorde. Ce sont des hommes. Ne les punis et ne les frappe pas injustement. »

Formule ta réponse sous forme d'une phrase en français.

....

....

Corrigés des exercices page 197

78 L'ENSEIGNEMENT À ROME

JE RETIENS

Il peut être utile de relire les fiches consacrées aux âges de la vie (fiche 68) et aux noms de famille (fiche 69).

▪ Les relations entre les différents membres de la famille à Rome sont placées sous **l'autorité du *paterfamilias*.** C'est lui qui choisit d'envoyer son enfant à l'école ou de le faire élever à la maison[1].

▪ Les professeurs, dans l'Antiquité, sont directement rétribués par les parents de leurs élèves. Les rapports maître-élève peuvent être tendus : l'apprentissage repose essentiellement sur l'imitation du maître et sur la mémoire (les livres n'existent pas !). Par conséquent les erreurs sont fréquentes, les châtiments corporels aussi. Le maître utilise une ***férule*** (baguette de bois) pour corriger ses élèves.

▪ Jusqu'à sept ans, l'enfant reste avec sa mère. Il est ensuite confié à un *paedagogus* chargé de l'accompagner à l'école ou, le cas échéant, de l'instruire. L'enseignement primaire est dispensé par le *magister ludi* **(maître d'école)**. L'enfant apprend la lecture de phrases et de textes courts. Il apprend également à compter.

De 11 à 16 ans, les riches familles envoient leurs enfants chez le *grammaticus* qui enseigne essentiellement les **lettres**. Cet enseignement est surtout dispensé à de jeunes garçons, les filles étant déjà en âge de se marier.

À 16 ans, le jeune garçon peut suivre les cours d'un ***rhetor*** **(rhéteur)** qui lui enseigne la **rhétorique** (art de bien parler) et le prépare à la **vie publique.** Pour achever sa formation, le jeune homme peut être envoyé **à l'étranger,** principalement en Grèce où il fréquente directement les philosophes.

Mais la plupart des enfants, à Rome, entrent dans la vie active après l'enseignement primaire.

---

1. Il arrive que de riches maîtres fassent éduquer les enfants de leurs esclaves, en fonction de leurs besoins.

Je vérifie

	vrai	faux
1. À Rome les enfants n'entrent pas à l'école avant sept ans.	☐	☐
2. Pour un fils de bonne famille, l'éducation comporte quatre étapes.	☐	☐
3. Les filles à Rome font des études plus longues que les garçons.	☐	☐

1. vrai – 2. vrai – 3. faux.

Je m'entraîne

1 Trouve les mots formés sur les noms latins entre parenthèses.

1. (*ludus, i* : l'école) Adjectif caractérisant ce qui est relatif au jeu.
2. (*ludus, i* : l'école) Lieu où l'on peut emprunter des jeux.
3. (*magister, tri* : l'instituteur) Adjectif qui caractérise ce qui tient du maître.
4. (*magister, tri* : l'instituteur) Diplôme de haut niveau décerné par l'université.
5. (*grammaticus* : maître de grammaire) Spécialiste en grammaire.
6. (*grammaticus* : maître de grammaire) Relatif à la grammaire.

2 Dans ses *Satires* (VII 229-fin), Juvénal s'inquiète du sort réservé aux maîtres.

« Vous autres parents, vous imposez des conditions sévères : il faut que le maître soit familier avec les règles de la langue, qu'il sache l'histoire, qu'il connaisse par cœur tous les auteurs, qu'interrogé à brûle-pourpoint il dise qui était la nourrice d'Anchise, quelle était la patrie de la belle-mère d'Anchémolus, combien d'années vécut Aceste, combien d'outres de vin il donna aux Phrygiens. Exigez qu'il façonne, comme avec le pouce, ces caractères d'enfants, comme on sculpte un visage dans de la cire. Exigez qu'il soit comme un père, qu'il les empêche de faire des bêtises. "Ce n'est pas facile de surveiller les gestes de tant d'élèves [...]" - "Cela c'est votre affaire, lui répond-on, et l'année terminée, recevez autant d'or que le peuple en fait donner au cocher victorieux !" »

1. Relève les mots ou procédés qui montrent le caractère autoritaire des parents.
2. Que dénonce Juvénal dans cet extrait ?
3. Quel procédé de style relèves-tu à la fin du passage ? Quel est son intérêt ?

Corrigés des exercices page 197

79 La journée d'un riche Romain

Je retiens

La journée d'un riche Romain coïncide en gros avec la durée du **jour solaire.**

- Le Romain se lève avec le soleil. La toilette est rapide (bras et jambes), le reste du corps est lavé chaque semaine. Le petit déjeuner léger *(jentaculum)* est pris rapidement et le maître de maison vaque de suite à ses occupations.
- Il s'agit de recevoir dans son bureau *(tablinum)* les clients qui attendent dès l'aube dans le vestibule. La distribution de la **sportule** (panier-repas) aux clients peut durer deux heures.
- Ensuite, la matinée est consacrée aux **affaires privées** (gestion de ses domaines) ou aux visites. Si l'on est magistrat, on s'occupe d'**affaires publiques** en allant au forum. Les clients, munis de la sportule, flânent. Les artisans et les esclaves travaillent.
- À midi, le travail cesse généralement pour la journée. On prend un repas léger *(prandium)*.On peut faire la sieste avant de se rendre une partie de l'après-midi aux thermes où l'usage des bains va croissant au fil des siècles.
- Ensuite c'est l'heure de la *cena*, le repas principal du soir.
- L'heure du coucher, par souci d'économie de lumière et de chauffage, est fonction du coucher du soleil : 18 h en hiver ou 20 h en été.
- Les spectacles, représentations de théâtre, jeux de gladiateurs ou courses du char commencent dès le matin et durent toute la journée selon des dates fixées le plus souvent dans le calendrier.

Je vérifie

	vrai	faux
1. Les riches Romains ne travaillent pas l'après-midi.	☐	☐
2. Les esclaves vont se baigner aux thermes l'après-midi.	☐	☐

1. vrai – 2. faux.

Je m'entraîne

1 Replace dans l'ordre chronologique les phrases suivantes qui décrivent les activités d'un Romain.

1. Tes clients viennent te consulter et tu les reçois en audience dans ton bureau.
2. Tu as invité des amis à dîner et le banquet va se prolonger tard.
3. Tu fais la sieste.
4. Tu vas au forum écouter les orateurs qui s'adressent au public et tu règles quelques affaires à la basilique (bâtiment destiné aux procès et aux activités commerciales).
5. Tu as mangé du fromage, du pain et du miel.
6. Tu es resté dehors et tu as acheté de quoi manger au *thermopolium* (sorte de comptoir dans la rue qui fournit de la nourriture chaude dans de grandes jarres).
7. Quand tu as fini de régler tes affaires ou après avoir dormi un peu, tu te rends aux thermes te délasser dans les bains publics et te divertir ou bavarder avec tes amis.

....

2 Voici quelques propos tenus sur la vie des riches Romains par les personnages du *Satyricon*, le roman écrit par un nommé Pétrone selon la tradition, au Ier siècle après J.-C. Indique à quelle activité de la journée ces phrases s'appliquent.

1. .... 2. .... 3. ....

1. « Ego, inquit, non cotidie lavor ; baliscus enim fullo est […] Nec sane lavare potui ; fui enim hodie in funus. »	« Moi, dit-il, je ne me baigne pas tous les jours ; le bain, c'est un vrai dégraisseur […]. Du reste je n'ai pas pu me baigner ; j'ai été aujourd'hui à un enterrement. »
2. « Cum ageret in foro, sic illius vox crescebat tanquam tuba. »	« Et quand il plaidait au forum, sa voix s'enflait comme une trompette. »
3. « Jam sublatum erat ferculum, hilaresque convivae vino sermonibusque publicatis operam coeperant dare. »	« On avait enlevé le premier service, et les convives mis en gaîté s'étaient mis à boire dans le brouhaha d'une conversation générale. »

Corrigés des exercices page 197

80 LES LOISIRS

JE RETIENS

- L'un des loisirs préférés du Romain dans sa journée reste **sa sortie au bain** où il se rend accompagné de l'esclave qui lui garde ses habits au vestiaire ***(apodyterium)***. Après avoir successivement pénétré dans un bain froid ***(frigidarium)***, tiède ***(tepidarium)*** et chaud ***(caldarium)***, le Romain se voit offrir **de nombreuses activités aux thermes :** conversations avec ses amis, règlements d'affaires, massages, activités à la palestre (lieu pour la gymnastique, la lutte…) ou lecture à la bibliothèque.
- Les **banquets du soir** sont aussi une occasion de rencontres et de conversations amicales.
- À l'extérieur, les **spectacles** de théâtre, gladiateurs ou courses de chars attirent une foule considérable issue de tous les milieux.

• Les **gladiateurs** combattent entre eux ou avec des animaux dans des amphithéâtres de forme ronde. Le plus grand d'entre eux, le **Colisée** de Rome, pouvait contenir jusqu'à 50 000 personnes. Ces édifices couverts par des tentures *(velum)* pour protéger les spectateurs du soleil accueillaient aussi de grandes chasses de fauves et des **naumachies** (batailles navales).

• Les **courses de chars** avaient lieu dans des édifices ovales. Le **Circus Maximus,** le Grand Cirque de Rome, pouvait contenir jusqu'à 200 000 spectateurs.

• Les **théâtres en pierre** n'ont été construits que sous l'Empire. Un théâtre ne recevait pas plus de 5 000 spectateurs pour assister à des tragédies, des comédies, des farces ou des mimes et pantomimes. Les pièces, jouées les jours de jeux, étaient écrites par des auteurs latins inspirés par leurs prédécesseurs grecs. Les acteurs, uniquement des hommes, étaient assez mal considérés dans la société.

- Les riches Romains, en particulier sous l'Empire, vont cultiver **l'oisiveté comme un art de vivre** et en profiter pour voyager et s'adonner en particulier à la littérature et à la lecture publique de leurs œuvres à défaut d'imprimerie pour assurer une large audience aux auteurs ***(recitationes)***. Pline le Jeune, dans sa correspondance, rapporte de nombreux souvenirs d'un Romain amoureux des lettres.

JE VÉRIFIE

	vrai	faux
1. Le loisir préféré des Romains est le théâtre.	☐	☐
2. Les Romains vont aux thermes tous les jours.	☐	☐
3. Les femmes peuvent assister aux spectacles.	☐	☐

1. faux – 2. vrai – 3. vrai.

JE M'ENTRAÎNE

1 Nomme les trois lieux de divertissement qui sont représentés ci-dessous.

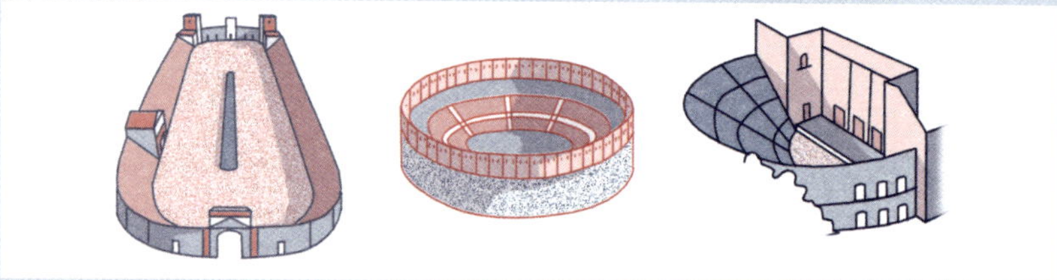

2 Quels sont les deux « métiers » évoqués dans cet épigramme (1) – court texte satirique –, de Martial, et lequel rapporte le plus d'argent (2) ?

1. .... 2. ....

« Jam parce lasso, Roma, gratulatori, lassoclienti. Quamdiu salutator anteambulones et togatulos inter centum merebor plumbeos die toto, cum Scorpus una quindecim graves hora ferventis auri victor auferat saccos ? »	« Fais grâce, Rome, à ce complimenteur À ce client fourbu dont la journée S'écoule dans le flot adulateur Des courtisans et qui, de sa tournée, Ramènera cent vils quadrants de plomb, Lorque Scorpus, menant son étalon, Gagne en restant une heure dans l'arène, Quinze sacs d'or qui lui payeront sa peine. »

3 Résume les activités auxquelles fait allusion ce texte de Sénèque à propos des thermes.

« Écœurant ! D'abord, il y a les costauds qui font leurs exercices et soulèvent des poids en grognant et en gémissant. Ensuite, il y a les paresseux qui se font masser – j'entends les claques qu'on leur assène [...]. Et que dire de ceux qui sautent bruyamment dans la piscine et qui éclaboussent tout autour d'eux. »

Corrigés des exercices page 197

81 LES MÉTIERS

JE RETIENS

▪ C'est une foule de **petits métiers,** artisans, agriculteurs et commerçants qui font aussi la richesse du monde romain. Les traces de ces métiers existent dans les écrits et la littérature mais aussi dans l'archéologie, en particulier dans les ruines de **Pompéi** et d'**Herculanum,** deux villes du sud de l'Italie enfouies sous **l'éruption du Vésuve en 79 après J.-C.**

• **Les plus riches possèdent les terres agricoles,** les grandes entreprises où l'on fabrique le ***garum*** (sauce de poisson), le pain, les amphores, l'huile d'olive, les tissus…

• **Les moins riches sont des ouvriers** à la solde d'un patron dans une usine, une ferme ou une entreprise commerciale.

Ou encore ils sont **les propriétaires de petites boutiques** le long des rues ***(tabernae)*** ou **d'auberges** ***(popinae)***.

▪ La civilisation romaine reste **agricole** et de nombreux métiers concernent l'élevage, la vigne ou les produits de la terre pour subvenir à l'approvisionnement de la population.

Mais des besoins plus raffinés existent aussi, et les métiers de l'**artisanat** (fabrication d'objets utilitaires, de bijoux ou de vêtements), voire **artistiques** (les murs des maisons des riches Pompéiens sont recouverts de peintures réalisées par d'authentiques artistes) se sont développés. On a retrouvé des preuves du **travail des femmes dans les boutiques et dans les auberges** (femmes de plus ou moins bonne réputation) en particulier ; de plus, elles sont parfois à la tête de riches domaines ou d'entreprises prospères.

JE VÉRIFIE

	vrai	faux
1. Le *garum* est une sorte de poisson.	☐	☐
2. Le vin est enfermé dans des tonneaux.	☐	☐
3. On a retrouvé des graffiti sur les murs de Pompéi.	☐	☐

1. faux – 2. faux (les Gaulois sont les inventeurs du tonneau) – 3. vrai.

Je m'entraîne

1 Devine en quoi consistait l'activité d'un parasite mondain à travers l'anecdote qui est rapportée ici.

Un parasite ne savait pas comment il allait dîner, quand il aperçut au forum un homme qui lui sembla riche. Il l'aborda en lui affirmant le connaître et avoir dîné en sa compagnie peu de temps auparavant chez un ami commun. L'autre, ayant compris à quel genre d'individu il avait affaire, lui rétorqua : « Quand cesseras-tu de mentir ? Je viens d'arriver à Rome aujourd'hui seulement. »

2 Relie par une flèche ces différents métiers exercés au temps des Romains à leur définition.

1. Un usurier •	A. Le propriétaire d'un établissement qui sert à boire du vin.
2. Un foulon •	B. Un banquier qui prête de l'argent.
3. Un tavernier •	C. Un ouvrier qui piétine les tissus pour les raffermir.
4. Un tanneur •	D. Celui qui travaille le cuir.
5. Un mosaïste •	E. Un artisan qui travaille les métaux précieux.
6. Un orfèvre •	F. Un fabricant des mosaïques qui recouvrent le sol des maisons.

3 Relie chaque inscription retrouvée sur les murs de Pompéi à sa traduction française : tu découvriras ainsi les petits métiers de la civilisation romaine.

1. « *Urna aerea pereit de taberna. Sei quis rettulerit, dabuntur sestertium LXV.* »	A. « Les coiffeurs demandent d'élire édile Julius Trebius. »
2. « *Popidium Rufum aedilem, piscicapi, tacite.* »	B. « Une cruche de bronze a disparu de la boutique. Si quelqu'un la rapporte, on lui donnera soixante-cinq sesterces. »
3. « *Iulium Trebium aedilem tonsores rogant.* »	C. « Les marchands d'ail demandent d'élire édile Cnaeus Helvius Sabinus. »
4. « *Cnaeum Helvium Sabinum aliarii rogant.* »	D. « Pêcheurs ! Élisez Popidius Rufus édile ! »

Corrigés des exercices page 197

82 Rome et Carthage (1)

Je retiens

Peu de temps après avoir achevé la conquête de l'Italie, les Romains se trouvent impliqués dans un conflit majeur : en **264 av. J.-C. ils s'opposent à Carthage,** puissante colonie phénicienne d'Afrique du Nord (proche de Tunis) qui domine alors la Méditerranée occidentale. Jusqu'alors, Rome et Carthage avaient été alliées mais une rivalité était née : les Romains admirent, convoitent Carthage, non seulement pour sa situation géographique propice au commerce maritime, mais aussi pour son artisanat, son agriculture et son commerce prospères.
Le conflit débute en Sicile lorsque Syracuse attaque Messine, ville contrôlée par des mercenaires italiens. Rome apporte son aide à Messine tandis que Carthage soutient Syracuse. Le but de la guerre est essentiellement le contrôle d'une position stratégique (le détroit de Messine) et commerciale.

La première guerre punique (de *Poeni, orum :* Carthaginois)

– 264 av. J.-C. : début du conflit. Après les premières victoires romaines, Syracuse s'allie aux Romains.
– 261 av. J.-C. : les Romains s'emparent de la Sicile jusqu'à Agrigente.
– 260 av. J.-C. : ayant construit une flotte sur le modèle de celle de Carthage, les Romains remportent la bataille navale de Myles.
– 256 av. J.-C. : après une nouvelle victoire au cap Ecnomus, les Romains débarquent en Afrique et marchent sur Carthage.
– 255 av. J.-C. : les Carthaginois écrasent les légions romaines à Tunis ; les survivants font naufrage lors du voyage de retour vers la Sicile.
– 241 av. J.-C. : lors de la bataille navale des îles Égates au large de la Sicile, les Romains détruisent la flotte de Carthage qui consent à signer la paix.

Au lendemain de cette première guerre, les Romains, forts de leur succès, annexent la Sardaigne et la Corse, puis en 225 av. J.-C., occupent la Gaule cisalpine où ils fondent des colonies. Les Carthaginois quant à eux, sous la conduite de leur chef Hamilcar, entreprennent d'organiser et d'étendre leurs possessions en Espagne, pays riche en métaux précieux et en hommes prêts à combattre.

JE VÉRIFIE

	vrai	faux
1. Carthage est une ville d'Afrique.	☐	☐
2. La première guerre punique s'achève par une victoire carthaginoise.	☐	☐

1. vrai – 2. faux.

JE M'ENTRAÎNE

Observe chacun de ces extraits. Numérote-les dans l'ordre chronologique et analyse-les.

« Le Carthaginois comprit que c'était à lui qu'on en voulait. Mais ne voulant pas renoncer à la vie de par la volonté d'autrui, car il n'avait pas oublié ses grandes actions de jadis, comme il avait toujours du poison sur lui, il en prit. » J. Defrasne, *Récits tirés de l'histoire de Rome*	« Enfant, sais-tu ce que c'est qu'un serment ? » Hannibal fait oui de la tête. « Jure, continue Hamilcar, de venger un jour Carthage si le sort ne m'en laisse pas le temps. » J. Defrasne, *Récits tirés de l'histoire de Rome*	« On campa au sol où l'on eut une peine inouïe à déblayer la neige : si grande en était la masse à creuser et à évacuer. » Tite-Live, *Histoire romaine*, XXI
N°	N°	N° ....
Personnages rencontrés :	Personnages rencontrés :	Personnages rencontrés : ....
Épisode évoqué :	Épisode évoqué :	Épisode évoqué : ....

Corrigés des exercices page 198

83 Rome et Carthage (2)

Je retiens

La deuxième guerre punique

Rome s'inquiète de l'expansion carthaginoise en Espagne ; Carthage rêve de prendre sa revanche.

– 219 av. J.-C. : Hannibal, fils d'Hamilcar, met le siège devant Sagonte, alliée de Rome.

– 218 av. J.-C. : après avoir franchi les Pyrénées et les Alpes avec des éléphants, le général carthaginois Hannibal pénètre en Italie du Nord. Son périple dure six mois. Au terme de cette traversée, il ne reste à Hannibal que la moitié de ses hommes et un seul éléphant. Il recrute des soldats parmi les populations gauloises dont il se fait des alliées.

– 217 av. J.-C. : les Romains sont écrasés au lac Trasimène.

– 216 av. J.-C. : Hannibal inflige aux Romains la défaite de Cannes.

– 212 av. J.-C. : le successeur du roi de Syracuse s'allie avec Carthage. Les Romains prennent et détruisent Carthage (209). Le général romain Scipion l'Africain débarque en Espagne.

– 208 av. J.-C. : Hannibal est vaincu par Scipion à Baecula. En 206, les Carthaginois abandonnent l'Espagne.

– 204 av. J.-C. : Scipion débarque en Afrique.

– 202 av. J.-C. : l'armée carthaginoise est anéantie à Zama. La guerre s'achève l'année suivante, Carthage perd toutes ses possessions.

La troisième guerre punique

– 151 av. J.-C. : Carthage entre en guerre contre la Numidie, ne respectant pas son traité avec Rome.

– 149 av. J.-C. : une armée romaine part pour l'Afrique.

– 146 av. J.-C. : Carthage tombe après trois ans de siège. Elle est rasée, ses habitants sont réduits en esclavage. Hannibal se donne la mort, de peur d'être capturé.

JE VÉRIFIE

	vrai	faux
1. Le général Hamilcar eut pour fils Hannibal.	☐	☐
2. L'enjeu des guerres puniques était la domination sur le monde méditerranéen.	☐	☐

1. vrai – 2. vrai.

JE M'ENTRAÎNE

1 Traduis en latin les infinitifs « vaincre, venir, dormir, combattre, décider, savoir, dire » puis place-les dans la grille. Tu verras apparaître dans une colonne le nom d'un des acteurs principaux des guerres contre Carthage. Qui est ce personnage ?

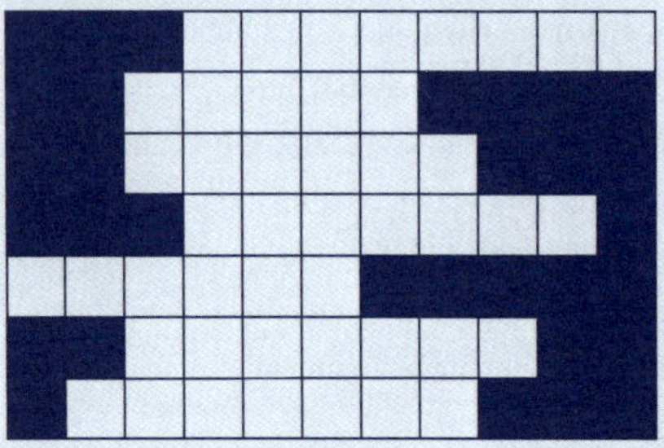

……………………………………………

2 Entoure la bonne réponse aux questions suivantes.

1. Près de quelle ville actuelle d'Afrique du Nord se situait la ville de Carthage ?
a. Alger b. Casablanca c. Tunis
2. Quel est le sort de Carthage après la victoire des Romains ?
a. Elle est détruite. b. Elle est donnée aux pirates. c. Elle est habitée par des soldats romains méritants.
3. Combien de temps Hannibal met-il pour rejoindre l'Italie depuis l'Espagne ?
a. 6 mois b. 12 mois c. 18 mois
4. Quelle chaîne de montagnes cause la perte d'un certain nombre d'hommes d'Hannibal ?
a. Les Alpes b. Les Vosges c. Les Andes

Corrigés des exercices page 198

84 Rome et la Grèce

Je retiens

■ La prise de **Tarente** (272 av. J.-C.) et de **Syracuse** (212 av. J.-C.) ainsi que la **victoire sur Carthage** permettent aux Romains d'accéder à la **Méditerranée orientale**, bordée par des royaumes dits hellénistiques (appartenant à la période allant de la conquête d'Alexandre le Grand au IVe siècle av. J.-C. à la conquête romaine au IIe siècle av. J.-C.).

■ • Le désir de vengeance pousse sans doute Rome à entrer dans des **conflits contre la Grèce,** mais la recherche de la gloire et d'une puissance encore plus grande en est le motif principal.

• Une **première bataille** permet au Romain Flamininus d'écraser Philippe V en 197 av. J.-C. et de « libérer » ainsi les cités grecques.

• En 190 av. J.-C., le roi de Syrie Antiochus est battu par les Romains.

• En 168 av. J.-C., c'est au tour du fils de Philippe d'être écrasé, bien qu'il soit à l'origine de la reprise des hostilités.

• En 146 av. J.-C., après la prise de la ville de Corinthe par les Romains, la **Grèce centrale devient une province romaine (l'Achaïe).**

■ L'**« hellénisme »** (façon de vivre inspirée du modèle grec) ne se répand qu'au **IIe siècle av. J.-C.** Le grec devient alors la deuxième langue des familles cultivées. On trouve aussi, chez les familles les plus aisées, des **précepteurs grecs.** La vie quotidienne subit également cette influence : la ***domus*** est agrandie, on crée le **péristyle**.
La littérature et la philosophie elles-mêmes empruntent des traits à la **culture grecque :** les auteurs de comédies latines Plaute et Térence trouveront un modèle chez Aristophane (Ve s. av. J.-C.).

■ L'hellénisme provoque à Rome **deux réactions contradictoires :** les conservateurs refusent cette culture tandis que d'autres cherchent à se l'approprier en échangeant des idées en matière de littérature, de philosophie, de politique…
La Grèce aura une influence considérable dans le monde romain.

Je vérifie

	vrai	faux
1. « Hellénistique » caractérise ce qui appartient à une période historique donnée.	☐	☐
2. En 146 av. J.-C., les Romains prennent la ville d'Athènes.	☐	☐
3. Le péristyle est d'origine grecque.	☐	☐

1. vrai – 2. faux – 3. vrai.

Je m'entraîne

1 Le poète latin Lucrèce rend hommage au philosophe grec Épicure. Lis attentivement ce témoignage puis réponds aux questions.

« Toi qui le premier as pu, du fond des ténèbres, faire sortir une lumière si éclatante pour nous éclairer sur les réalités de la vie, je te suis, ô gloire du peuple grec, et dans les traces laissées par tes pas, aujourd'hui je pose mes pieds, non par désir de rivalité mais à cause de l'amour qui me pousse à t'imiter. […] Toi, père, tu es le découvreur des choses, toi tu nous prodigues tes préceptes maternels et dans tes livres […] nous nous repaissons de toutes tes paroles d'or, oui d'or ! qui sont à jamais les plus dignes d'une vie éternelle. »

1. Relève deux apostrophes montrant l'admiration et l'amour portés par Lucrèce à Épicure. ....

2. Que représente Épicure pour Lucrèce ? ....

2 Dans les domaines scientifiques, les Romains doivent tout aux Grecs. Rends à chaque scientifique grec son invention ou son œuvre.

1. Hippocrate •	• principe de l'hydrostatique[2]
2. Thalès •	• fondateur de l'école de mathématiques d'Alexandrie
3. Euclide •	• auteur du texte qui fait office de serment lorsqu'on devient médecin
4. Pythagore •	• auteur de la démonstration de l'égalité des angles opposés par le sommet d'un triangle
5. Archimède •	• un des inventeurs de la table de multiplication

1. *Verus, a, um* : vrai ; *merus, a, um.* : pur. 2. Tout corps plongé dans l'eau subit une poussée verticale dirigée de bas en haut, égale au poids du fluide déplacé.

Corrigés des exercices page 198

85 ROME ET LA GAULE

JE RETIENS

▌Venant d'Europe centrale, les Celtes ou Gaulois ont progressé en direction de la Méditerranée vers la Gaule, l'Italie centrale, la Grèce et même une partie de l'Asie Mineure (où on les retrouve sous le nom de Galates). **Les populations gauloises se sont mêlées aux populations locales.** Il existe cependant peu de villes gauloises avant le début de la conquête romaine ; on parle plutôt de villages ou de places fortes.

▌Pendant de nombreuses années, la Gaule n'intéresse les Romains qu'en tant que **voie de passage vers l'Espagne.** C'est seulement à la suite de troubles causés par des tribus gauloises que Rome intervient en 121 av. J.-C. et fonde la **Gaule Narbonnaise** appelée plus simplement *Provincia*. L'autre partie de la Gaule, celle qui demeure libre, est appelée par les Romains « **Gaule chevelue** », surnom qui tire son origine des nombreuses forêts qui se trouvaient dans cette partie-là de la Gaule.

▌Nommé **proconsul de la Gaule Cisalpine et de la Provincia** en 58 av. J.-C., César, qui voulait acquérir une gloire militaire capable d'éclipser celle de son rival Pompée, décide de conquérir la Gaule. Poussés par les Germains, les Helvètes s'apprêtent à ce moment-là à s'établir en Gaule. À l'appel des Éduens, César intervient, obligeant les Helvètes à regagner leur pays. La même année, il vainc Arioviste (chef germain de la tribu des Suèves qui opprime deux tribus gauloises à l'est), repousse les Suèves et installe ses tribus en Gaule.

• En 57 av. J.-C. il bat la coalition des Belges ; en 56 av. J.-C. il détruit la flotte des Vénètes. Il est attaqué dans les Ardennes par Ambiorix (chef d'un peuple de la Gaule Belgique). Il rassemble derrière lui les peuples de la Gaule et repousse le chef ennemi.

• Croyant avoir pacifié le pays, **César rentre en Italie.** Mais l'Arverne **Vercingétorix** organise un **soulèvement en 52 av. J.-C.**, que César ne parvient à réprimer qu'en 51, mettant fin à la guerre des Gaules.

• C'est Auguste qui divise la Gaule romaine en **quatre provinces :** la Narbonnaise, la Lyonnaise, la Belgique et l'Aquitaine.

JE VÉRIFIE

	vrai	faux
1. Les peuplades gauloises ne se sont établies qu'en Gaule.	☐	☐
2. La Gaule chevelue est ainsi nommée à cause de sa végétation.	☐	☐
3. La conquête de la Gaule par César dure de 58 à 51 av. J.-C.	☐	☐

1. faux – 2. vrai – 3. vrai.

JE M'ENTRAÎNE

1 Voici, selon César, les deux principales classes sociales chez les Gaulois. Complète la traduction du texte.

« De his duobus generibus alterum est druidum, alterum equitum. Illi rebus divinis intersunt, sacrificia publica ac privata procurant, religiones interpretantur. […] Alterum genus est equitum. Hi, cum est usus atque aliquod bellum incidit, omnes in bello versantur, atque eorum ut quisque est genere copiisque amplissimus, ita plurimos circum se ambactos clientesque habet. » César, *Guerre des Gaules*, VI (extrait du chap. XV)	Des deux classes sociales, ... Les premiers s'occupent des affaires ...., ils président aux ....-........................, règlent les .... L'autre classe est celle des ...., quand c'est nécessaire, quand éclate ...., prennent tous part au combat et chacun, selon sa naissance ou sa fortune, a autour de soi un plus ou moins grand nombre d'esclaves et de ....

2 La majeure partie des écrits sur les Gaulois sont ceux de César lui-même. Tu liras donc attentivement cet extrait de la *Guerre des Gaules* (VII, 22) et tu répondras aux questions afin d'étudier l'art de la narration chez César.

« Au courage exemplaire de nos soldats, les Romains opposaient des inventions de toute espèce. C'est en effet une race très adroite, et elle excelle à imiter ce qu'elle voit faire aux autres. Ils détournaient les faux avec des nœuds coulants, et quand la corde était bien attachée, des machines enlevaient ces faux à l'intérieur des remparts ; ils minaient notre terrassement au moyen de galeries souterraines, et ils étaient d'autant plus habiles dans ce genre de travaux qu'ils ont dans leur pays des mines de fer considérables, et qu'ils connaissent toutes les espèces de faux et en font usage. »

1. Quelles sont les qualités des Gaulois ?
2. César les présente-t-il comme des ennemis faciles à vaincre ?
3. Pourquoi ?

3 Vercingétorix parvient à unir les peuples gaulois et à vaincre l'armée de César à Gergovie. Puis il part pour Alésia où César le suit. Après la défaite de la cavalerie gauloise, les Romains enferment les Gaulois dans la ville. Vercingétorix a le temps de prévenir ses alliés. Le dernier combat va alors avoir lieu. Traduis les passages en italique.

« La cavalerie, lancée à sa poursuite tout de suite après minuit, rejoint l'arrière-garde : *magnus numerus (militum) capitur et interficitur ; reliqui*[1] *ex fuga in civitates discedunt*[2].
Postero die, Vercingetorix, concilio[3] *convocato*, démontre qu'il a entrepris cette guerre non à des fins personnelles, mais pour la *communis libertatis*, et que, puisqu'il faut céder à la Fortune, il s'offre à eux pour l'une ou l'autre solution, soit qu'ils veuillent par sa mort donner satisfaction aux Romains, soit qu'ils veuillent le livrer vivant. *Mittuntur de his rebus ad Caesarem legati*. Il ordonne que l'on remette les armes et que les chefs soient amenés en reddition. Lui-même s'assoit devant le camp dans l'endroit fortifié : c'est là que les chefs sont amenés en reddition. *Vercingetorix deditur, arma projiciuntur*[4]. »

César, *La Guerre des Gaules*, VII

1. *Reliqui :* ceux qui restent, les autres. – 2. *Discedo, ere :* se disperser. – 3. *Concilium, i,* n : assemblée. – 4. *Projicio, ere :* jeter devant.

Corrigés des exercices page 198

CORRIGÉS DES EXERCICES

FICHE 1

Exercice 1 : sta/tu/a – moe/ni/a – cau/sa – sae/pe – fi/li/us – an/cil/lae – a/ci/es – le/gen/tem.

Exercice 2 : Traduction du texte : L'ensemble de la Gaule est divisé en trois parties ; l'une est habitée par les Belges, l'autre par les Aquitains, la troisième par ceux qui, dans leur propre langue, se nomment des Celtes et, dans la nôtre, des Gaulois. Tous ceux-là diffèrent par leur langue, leurs coutumes, leurs lois. Le fleuve de la Garonne sépare les Gaulois des Aquitains, la Marne et la Seine les séparent des Belges.

FICHE 2

Exercice : consensus ; memento ; lapsus ; in vitro ; alibi ; agenda.

FICHE 3

Exercice 1 : 1. complément du nom ; attribut du sujet. – 2. sujet ; complément circonstanciel de moyen. – 3. complément d'objet direct ; complément d'objet second. – 4. Complément circonstanciel de temps ; complément d'objet indirect. – 5. sujet – 6. complément d'objet indirect. – 7. sujet ; complément d'objet second – 8. complément d'objet direct.

Exercice 2 : 1. Vocatif (apostrophe) – 2. Ablatif (complément de lieu) – 3. Nominatif (attribut du sujet) – 4. Accusatif (COD) – 5. Datif (COI) – 6. Génitif (complément du nom).

FICHE 4

Exercice 1 : Modèle de ***vita, ae,* f : la vie** : 1. *Terra, ae,* f : la terre – 3. *Aqua, ae,* f : l'eau – 4. *Patria, ae,* f : la patrie – 6. *Causa, ae,* f : la cause – 8. *Via, ae,* f : la route – 9. *Gloria, ae,* f : la gloire – 11. *Poeta, ae,* m : le poète – 12. *Poena, ae,* f : la peine, le châtiment.

Exercice 2 : 1. Puellas – 2. Ancillae – 3. Cenae – 4. Terrra – 5. Gloriis – 6. Arae – 7. Patria – 8. Victoriis – 9. Villam.

Le vocabulaire des exercices 1 et 2 est à retenir.

Exercice 3 : 1. Ancilla ; cenam – 2. Puellae ; via – 3. Praeda ; pugnae – 4. Fuga ; filiae ; familiam.

FICHE 5

Exercice 1 : 1. *Animus, i,* m : l'esprit – 2. *Locus, i,* m : le lieu – 3. *Deus, i,* m : le dieu – 4. *Annus, i,* m : l'année – 6. *Modus, i,* m : la manière – 7. *Populus, i,* m : le peuple – 8. *Hortus, i,* m : le jardin – 10. *Filius, i,* m : le fils – 11. *Equus, i,* m : le cheval – 13. *Legatus, i,* m : l'ambassadeur – 14. *Servus, i,* m : l'esclave.

Exercice 2 : 1. Filiis – 2. Populorum – 3. Amice – 4. Modo – 5. Equum – 6. Socii – 7. Avi – 8. Campos.

Le vocabulaire des exercices 1 et 2 est à retenir.

Exercice 3 : 1. Viri ; deos. – 2. Filius ; domini ; amicis. – 3. Animo. – 4. Locis.

Fiche 6

Exercice 1 :

Unda	Undae	Locus
Unda	Undae	Loce
Undam	Undas	Locum
Undae	Undarum	Loci
Undae	Undis	Loco
Unda	Undis	Loco

Loci	Imperium	Imperia
Loci	Imperium	Imperia
Locos	Imperium	Imperia
Locorum	Imperii	Imperiorum
Locis	Imperio	Imperiis
Locis	Imperio	Imperiis

Exercice 2 : 1. Periculo – 2. Arma – 3. Verbo – 4. Ingeniorum – 5. Templum – 6. Caeli – 7. Signa.

Le vocabulaire des exercices 1 et 2 est à retenir.

Exercice 3 : 1. Oppida – 2. Forum – 3. Proelii – 4. Castra – 5. Vitiis.

Fiche 7

Exercice 1 : 1. Virtut- – 2. Pac- – 3. Milit- – 4. Homin- – 5. Duc-.

Exercice 2 : 1. Matres – 2. Patri – 3. Consulum – 4. Muliere – 5. Matrum – 6. Patribus – 7. Consulem – 8. Mulieres.

Exercice 3 : 1. Imperator ; legiones – 2. Legibus – 3. Conjugi – 4. Imaginum.

Fiche 8

Exercice 1 : 1. Putas – 2. Legunt – 3. Venitis – 4. Fugiunt – 5. Videt.

Exercice 2 : 1. Credunt – 2. Jubet – 3. Rapimus – 4. Datis – 5. Mittimus.

Exercice 3 : 1. Populus imperatorem laudat. – 2. Dux militibus arma dat. – 3. Le père aime la gloire. – 4. Le consul lit les lois.

Fiche 9

Exercice 1 : 1. Faciebas – 2. Veniebat – 3. Credebamus – 4. Rapiebant – 5. Laudabatis – 6. Tenebam.

Exercice 2 :

Agebam	Cogitabam
Agebas	Cogitabas
Agebat	Cogitabat
Agebamus	Cogitabamus
Agebatis	Cogitabatis
Agebant	Cogitabant

Petebam	Perveniebam
Petebas	Perveniebas
Petebat	Perveniebat
Petebamus	Perveniebamus
Petebatis	Perveniebatis
Petebant	Perveniebant

Exercice 3 : 1. Consul legatos mittebat. – 2. Mater et pater filios amabant. – 3. Il regardait les jardins des rois. – 4. La fille du maître louait les dieux.

Fiche 10

Exercice 1 : 1. Vicisti – 2. Nous avons fait, nous fîmes – 3. Vidistis – 4. Ils ont pensé, ils pensèrent – 5. Perveni – 6. Tu as posé, tu posas.

Exercice 2 : 1. Audiverunt (Les esclaves entendirent - ont entendu - le maître). – 2. Habuerunt (Les soldats eurent - ont eu - des armes). – 3. Laudavisti (Tu louas - as loué - la gloire des dieux) ; dedit (Le chef donna - a donné - un cheval au soldat).

Exercice 3 : 1. Le roi appela le peuple. – 2. Le roi appela le peuple et le chef. – 3. Le roi appela le peuple et le chef avec colère. – 4. Le roi appela le peuple et le chef des soldats avec colère.

Fiche 11

Exercice 1 : Formes de **sum** : estis, fuit, sumus, eras, est.
Formes de **possum** : poteratis, possumus, potuerunt, potestis, potuit.

Exercice 2 : 1. Potest : il peut – 2. Erat : il était – 3. Sumus : nous sommes – 4. Potuistis : vous pûtes – 5. Potuisti : tu as pu – 6. Poteram : je pouvais – 7. Fuit : il a été – 8. Fuimus : nous fûmes.

Exercice 3 : 1. Puella, est. – 2. Domini, poterant, servos. – 3. Milites, fuerunt. – 4. Possumus, consulem.

Fiche 12

Exercice 1 :

Ibam	Transii	Redeo
Ibas	Transiisti	Redis
Ibat	Transiit	Redit
Ibamus	Transiimus	Redimus
Ibatis	Transiistis	Reditis
Ibant	Transierunt	Redeunt

Abeo	Exibam
Abis	Exibas
Abit	Exibat
Abimus	Exibamus
Abitis	Exibatis
Abeunt	Exibant

Exercice 2 : 1. Abibam – 2. Exiit – 3. Interiit – 4. Ineo – 5. Il traverse – 6. Nous revenions.

Exercice 3 : 1. It in hortum. – 2. In villa est – 3. Hortum transit. – 4. E villa exibat. – 5. Ab horto abiit.

Fiche 13

Exercice 1 :

Secundus	Sacrae	Sancti
Secunde	Sacrae	Sancti
Secundum	Sacras	Sanctos
Secundi	Sacrarum	Sanctorum
Secundo, o	Sacris, is	Sanctis, is

Divum	Paucae
Divum	Paucae
Divum	Paucas
Divi	Paucarum
Divo, o	Paucis, is

Exercice 2 : 1. Optimae leges (les meilleures lois) – 2. Multis modis (de nombreuses manières) – 3. Novo consule (un nouveau consul) – 4. Pulchrae mulieris (d'une belle femme).

Exercice 3 : 1. Le vénérable général en chef appelle le célèbre roi. – 2. Le premier temple était petit.

Fiche 14

Exercice 1 : 1. habitus, habita, habitum – 2. dictus, dicta, dictum – 3. captus, capta, captum – 4. auditus, audita, auditum – 5. motus, mota, motum – 6. victus, victa, victum – 7. laudatus, laudata, laudatum.

Exercice 2 : 1. Envoyé – 2. Ayant été lu – 3. Ayant été demandé – 4. Posé – 5. Ayant été cru.

Exercice 3 : 1. les dieux ayant été loués – 2. Le chef ayant été vaincu – 3. Les jeunes filles ayant été aimées – 4. La parole ayant été entendue – 5. les chevaux ayant été donnés.

Exercice 4 : 1. Verba audita – 2. Duce victo – 3. Deorum laudatorum – 4. Puellae amatae – 5. Equo dato.

Fiche 15

Exercice 1 : 1. Sujet = nominatif – 2. Comp. circ. lieu = ablatif – 3. COS = datif – 4. compl. du nom = génitif.

Exercice 2 : 1. qui – 2. quo – 3. cui – 4. quorum.

Exercice 3 : 1. *Dominus servum qui* (sujet) *venit vocat* : le maître appelle l'esclave qui vient. – 2. *Rex legatos quos* (COD) *laudavit misit* : le roi envoya des ambassadeurs qu'il approuva. – 3. *Pater filios quibus equum dat amat* : le père aime ses fils à qui il donne un cheval.

Fiche 16

Exercice 1 : 1. Hanc statuam – 2. Illis locis – 3. Hujus caeli – 4. Illis bellis – 5. Illi imperatores.

Exercice 2 : 1. hic (cet homme-là est célèbre : il fut consul) – 2. hoc (j'accepte ce conseil) – 3. hi (ce sont de grands soldats).

Exercice 3 : 1. Celui-ci lit, celui-là pense – 2. Ceux-ci venaient, ceux-là fuyaient – 3. Ceux-ci sont anciens, ceux-là récents.

Fiche 17

Exercice 1 :

Infinitif présent	Infinitif parfait
Condere	Condidisse
Colere	Coluisse
Metuere	Metuisse
Orare	Oravisse
Pervenire	Pervenisse

Exercice 2 : 1. *Credo filios et filias poenas metuisse* : Je dis que les fils et les filles craignaient (ont craint) les châtiments. – 2. *Rex dicit legatos venisse* : Le roi dit que les ambassadeurs sont venus.

Fiche 18

Exercice 1 : 1. Videris (tu es vu) – 2. Capitur (il est pris) – 3. Vocamur (nous sommes appelés) – 4. Rapiuntur (ils sont enlevés) – 5. Vincitur (il est vaincu) – 6. Dantur (ils sont donnés) – 7. Teneor (je suis tenu) – 8. Mitteris (tu es envoyé) – 9. Laudamini (vous êtes loués) – 10. Creditur (il est cru).

Exercice 2 : 1. a domini filia (l'esclave est appelé par la fille du maître). – 2. a militibus (le camp est construit par les soldats). – 3. a multis servis (le jardin du roi est cultivé par de nombreux esclaves). – 4. annis (les temples anciens sont détruits par le temps).

Exercice 3 : 1. La paix est donnée par les ambassadeurs du roi. – 2. La gloire est donnée aux soldats par la victoire. – 3. La colère divine est crainte par de nombreux peuples. – 4. Les Romains furent vaincus par peu de pays.

Fiche 19

Exercice 1 : 1. legebatur – 2. credebaris – 3. rapiebatur – 4. vincebatur – 5. dabatur – 6. mittebamini – 7. movebamur.

Exercice 2 : 1. timebatur – 2. cepisse – 3. ducebat – 4. imperator – 5. delebantur – 6. audiebar – 7. pugnare – 8. castra – 9. conditur – 10. perveniebant.

Exercice 3 : 1. *Domini ingenium a servis laudabatur* : l'intellignce du maître était louée par les esclaves. – 2. *Filiae a matre amabantur* : les filles étaient aimées de leur mère. – 3. *Epistula ad Lucilium a Petro scribebatur* :

Une lettre pour Lucilius était écrite par Petrus.

Fiche 20

Exercice 1 :

Participe parfait passif	Indicatif parfait passif
Amatus, a, um	Nous avons été aimées : Amatae sumus
Factus, a, um	Il a été fait : factus est
Visus, a, um	J'ai été vue : visa sum
Victus, a, um	Vous avez été vaincus : victi estis
Lectus, a, um	Ils ont été lus : lecti sunt

Exercice 2 : 1. Dominus a servis laudatus est : le maître a été loué par ses esclaves. – 2. Agri ab agricolis culti sunt : les champs ont été cultivés par les agriculteurs. – 3. Milites victi sunt : les soldats ont été vaincus.

Fiche 21

Exercice 1 : 1. (quo) = *in* + acc. – 2. (ubi) = *in* + abl. – (unde) = *de* + abl. – 3. (quo) = *ad* + acc. – (ubi) = *in* + abl. – 4. (ubi) = *ante* + acc.

Exercice 2 : 1. in villa – 2. in hortum – 3. in hortum – 4. ad castra – 5. in castris – 6. in patria – 7. in locum jucundum – 8. in caelo – 9. in campum – 10. ex horto.

Exercice 3 : 1. Les élèves lisent auprès des maîtres (chez les maîtres). – 2. Les soldats font route à travers la Gaule et arrivent en Germanie. – 3. Les esclaves déposent des cadeaux devant le temple. – 4. Je navigue vers la patrie du roi.

Fiche 22

Exercice 1 : 1. (D) - tres horas – 2. (D) - per longum tempus – 3. (M) - ea nocte – 4. (M) - ex eo anno.

Exercice 2 : 1. saepe (nous ne travaillons pas souvent) – 2. hieme (les soldats romains ne combattaient pas pendant l'hiver) – 3. heri (nous nous sommes promenés hier dans la forêt avec nos amis) – 4. multos annos (notre père fut soldat durant de nombreuses années).

Exercice 3 : 1. À l'époque de César, les Gaulois redoutaient la guerre. – 2. Avant que le maître ne vînt[1], les esclaves s'amusaient ; mais lorsqu'il arriva, ils se mirent au travail. – 3. Paucos annos consul fuit. – 4. Après la défaite de César[2], les soldats retournèrent dans leur patrie.

Fiche 23

Exercice 1 : 1. à cause de sa victoire – 2. à cause de sa gloire – 3. les peuples ayant été vaincus – 4. puisque le maître appelle.

Exercice 2 : 1. templo aedificato (après l'édification du temple, les Romains louent le dieu) – 2. militibus victis (après la défaite des soldats, le chef fit un discours) – 3. pecunia data (comme ils avaient reçu de l'argent, les esclaves étaient contents) – 4. magistri verbis auditis (après avoir entendu les paroles du maître, les élèves se mettent à rire).

1. La concordance des temps nécessite l'emploi du subjonctif imparfait mais l'usage permet d'utiliser le subjonctif présent (avant que le maître ne vienne).
2. *Caesare victo* est un ablatif absolu ; il peut être traduit de différentes façons : César ayant été vaincu…

Exercice 3 : Ancus, à cause de sa réputation et de son sens de la justice, est un nouveau Numa ; il se rend toujours auprès des autels des dieux, car il les craint. C'est pourquoi les Romains l'aiment.

FICHE 24

Exercice 1 :

Amicitia, *ae*, f : l'amitié	*Ludus*, *i*, m : le jeu, l'école
Amicitiae	Ludi
Amicitiae	Ludi
Amicitias	Ludos
Amicitiarum	Ludorum
Amicitiis	Ludis
Amicitiis	Ludis

Inimicus, *i*, m : l'ennemi	*Spatium*, *i*, n : l'espace
Inimici	Spatium
Inimici	Spatium
Inimicos	Spatium
Inimicorum	Spatii
Inimicis	Spatio
Inimicis	Spatio

Diligentia, *ae*, f : le soin, la vigilance
Diligentia
Diligentia
Diligentiam
Diligentiae
Diligentiae
Diligentia

Exercice 2 : 1. belli pericula – 2. in theatro ; spectacula – 3. servi ; dominis ; cura.

Exercice 3 : Cum de asini umbra loquor, quam maxima diligentia me auditis, cum vero de patriae salute, non auditis.

FICHE 25

Exercice 1 :

Caput, *itis*, n : la tête	*Lumen*, *inis*, n : la lumière
Caput	Lumina
Caput	Lumina
Caput	Lumina
Capitis	Luminum
Capiti	Luminibus
Capite	Luminibus

Cupiditas, *atis*, f : la cupidité	*Jus*, *juris*, n : le droit
Cupiditas	Jus
Cupiditas	Jus
Cupiditatem	Jus
Cupiditatis	Juris
Cupiditati	Juri
Cupiditate	Jure

Regio, *onis*, f : la région	*Scelus*, *eris*, n : le crime
Regiones	Scelera
Regiones	Scelera
Regiones	Scelera
Regionum	Scelerum
Regionibus	Sceleribus
Regionibus	Sceleribus

Vates, *is*, m : le devin	*Vestis*, *is*, f : le vêtement
Vates	Vestes
Vates	Vestes
Vatem	Vestes
Vatis	Vestium
Vati	Vestibus
Vate	Vestibus

Exercice 2 : À Athènes, Démosthène fit souvent des discours. Un jour il dit aux Athéniens : « Un jour un citoyen loua un âne parce qu'il fit route vers Mégare. Les forces lui manquèrent, il rechercha l'ombre de l'âne. L'ânier dit qu'il n'avait pas loué l'ombre de l'âne mais seulement l'âne. »

FICHE 26

Exercice 1 :

Securus, a, um : tranquille, calme	*Gratus, a, um* : agréable, bienvenu
Secura, a	Gratum, um
Securam	Gratum
Securae	Grati
Securae	Grato
Secura	Grato

Piger, pigra, pigrum : paresseux, indolent	*Otiosus, a, um* : oisif, paisible, oiseux
Piger, er	Otiosae, ae
Pigrum	Otiosas
Pigri	Otiosarum
Pigro	Otiosis
Pigro	Otiosis

Liber, era, erum : libre
Liberi, i
Liberos
Liberorum
Liberis
Liberis

Exercice 2 : Dans l'ordre du texte latin : *multis et variis ; duri.*

FICHE 27

Exercice 1 : 1. Nobilibus philosophis – 2. Fidelem amicum – 3. Velocium peditum – 4. Divite imperatore – 5. Prudentes oratores.

Exercice 2 : 1. Ingens – 2. Fortem – 3. Tristi ; veterem.

Exercice 3 : « Elle n'avait pas encore quatorze ans mais elle avait une sagesse de femme âgée (mais à elle était une sagesse de femme âgée), le sérieux d'une mère de famille, et cependant la douceur d'une jeune fille avec la pudeur d'une vierge [...]. Ô très triste et très pénible mort ! »

FICHE 28

Exercice 1 : 1. Audacior miles ; audacibus militibus – 2. Egregius donum ; egregiora dona – 3. Honestior plebs ; honestioris plebis – 4. Crudelior amicus ; crudeliorum amicorum. – 5. Laetior homo ; laetiorem hominem – 6. Saeviores duces.

Exercice 2 : 1. Dormine facilius est… – 2. Amici mei tam laeti sunt… – 3. Magister doctior est… – 4. Imperatores fortiores sunt.

FICHE 29

Exercice 1 : 1. pluribus lacrimis. – 2. pejorem animum. – 3. majora templa.

Exercice 2 : 1. Equus pulchrior quam canis est. – 2. Dominus divitior quam servus est. – 3. Pueri majores quam puellae sunt.

Exercice 3 : Dans l'ordre du texte : *densiore umbra ; brevioribus platanis ; locis pluribus.*

FICHE 30

Exercice 1 : 1. pulcherrima (la très belle fille du consul) – 2. maximam (la plus grande ville) – 3. plurimis (de très nombreux citoyens) – 4. fortissimo (le chef le plus courageux) – 5. prudentissimus (un père très avisé) – 6. clarissimi (un roi très célèbre).

Exercice 2 : 1. Le temple d'Apollon est le plus beau des monuments. – 2. C'était le plus haut des arbres. – 3. Ce peuple fut le plus courageux de tous.

Exercice 3 : Dans l'ordre du texte : *jucundissima*, *otiosissimis*.

Fiche 31

Exercice 1 :

Participes traduits	
a) cadentes	b) cadentia
a) aspicientium	b) aspicienti
a) claudentibus	b) claudens

Exercice 2 : 1. currens – 2. laborantes – 3. interroganti – 4. tacentes.

Exercice 3 : 1. Le patron répond aux clients qui l'interrogent. – 2. Alors que les esclaves préparaient le banquet (= les esclaves préparant le banquet), le maître invitait ses amis à dîner. – 3. Les élèves écoutent le maître qui enseigne.

Fiche 32

Exercice 1 : 1. Agricola laborante – 2. praemiis datis – 3. Fortuna perdita – 4. Majoribus quiescentibus – 5. dolore ostenta.

Exercice 2 : 1. le paysan travaillant ; comme le paysan travaille – 2. des récompenses ayant été données, après avoir donné des récompenses – 3. la fortune ayant été perdue ; ayant perdu sa fortune – 4. les Anciens se reposant ; durant le repos des Anciens – 5. la douleur ayant été montrée ; ayant manifesté sa douleur.

Exercice 3 : Or comme les Vestales commençaient à suivre la route qui conduit au Janicule, Lucius Albanus, qui transportait en chariot sa femme et ses enfants, prit une décision de cette nature.

Fiche 33

Exercice 1 : 1. Ego – 2. Tu – 3. Nos – 4. Vos.

Exercice 2 : 1. Il se loue – 2. Il travaille pour lui – 3. L'esclave t'aide. – 4. Le chef nous commande. – 5. Je me souviens de vous. – 6. Le maître vous instruit.

Exercice 3 : Dans l'ordre du texte : *mihi*, *ego*, *mihi*, *me*.

Fiche 34

Exercice 1 : ea lacrima ; eum oculum ; ejus convivii ; eis laboribus ; earum vestium ; eos equites.

Exercice 2 : 1. *Id* video – 2. *Eos* legi – 3. *Eas* accipi – 4. *Ei* pugnant.

Fiche 35

Exercice 1 : 1. Adjectif possessif – 2. Adjectif possessif ; pronom de rappel – 3. Adjectif possessif ; pronom de rappel.

Exercice 2 : 1. Sibi ; suo. Les esclaves ne travaillent pas pour eux mais pour leur maître. – 2. Meus ; ejus. Mon ami est dans la maison, j'entends sa voix. – 3. Sua. Il achète une maison avec son argent. – 4. Earum. Les servantes sont dans le jardin, le maître entend leurs voix.

Exercice 3 :

« Le moineau de ma douce amie est mort,
Le moineau, délices de ma douce amie,
Qu'elle aimait plus que ses propres yeux :
Il était en effet doux comme le miel et connaissait

Sa maîtresse elle-même aussi bien qu'une jeune fille connaît sa mère. Mais que le mal soit sur vous, sombres ténèbres,
Qui dévorez toutes les belles choses ;
Vous m'avez pris un si beau moineau. »

FICHE 36

Exercice 1 : 1. Haec (Cette maison dans laquelle nous vivons est grande). – 2. Hunc ; illum (Tu lis ce livre-ci, tu as déjà lu celui-là). – 3. Hi ; isti (Ceux-ci travaillent toujours, ceux-là jamais).

Exercice 2 : *Ei* : datif masculin singulier ; *illud* : accusatif neutre singulier ; *ejus* : génitif masculin singulier ; *hunc* : accusatif masculin singulier ; *hic* : nominatif masculin singulier ; *illi* : nominatif masculin pluriel ; *id* : accusatif neutre singulier.

Exercice 3 : 1. nulla raeda / in raeda ; sine uxore / cum uxore. – 2. Milon est désigné dans la plaidoirie de Cicéron par les démonstratifs : *hic, hunc.* Milon est en effet proche de Cicéron.

FICHE 37

Exercice 1 : 1. (dans l'ordre du texte) quae « alces » appellantur – qui uri appellantur – quam conspexerunt – qui plurimos ex his iter fecerunt. – 2. Le relatif est employé sans antécédent. – 3. Le relatif est employé sans antécédent.

Exercice 2 : 1.

Pronom relatif	Antécédent	Fonction
Qui	Cethegus	Sujet de « respondisset »
Quae	Gladiis et sicis	Sujet de « deprensae erant »
Qui	Avi tui	Sujet de « amavit »
Quae	Imago	Sujet de « debuit »

2. Le 2e *quae* est un relatif de liaison.

FICHE 38

Exercice 1 :

1re conjugaison	Nego, as, are Certo, as, are
2e conjugaison	Prohibeo, es, ere Valeo, es, ere
3e conjugaison	Cedo, is, ere Curro, is, ere Perdo, is, ere
3e conj. mixte	*Pas de verbe*
4e conjugaison	Pervenio, is, ire

Exercice 2 : 1. Dans les banquets il chante et fait des vers (présent d'habitude). – 2. Qui aime bien châtie (présent de vérité générale). – 3. Il fait route à travers la Gaule (action qui se déroule au moment où l'on parle). – 4. C'était la guerre ; les soldats combattent courageusement (présent de narration).

Exercice 3 : (dans l'ordre du texte) vertit ; findit ; elicit ; tenet ; devocat ; jubet.

FICHE 39

Exercice 1 : 1. Audiebant (ils entendaient) – 2. Legebas (tu lisais) – 3. Amabamus (nous aimions). – 4. Scribebat (il écrivait) – 5. Videbatis (vous voyiez) – 6. Faciebam (je faisais).

Exercice 2 : 1. Pater filios suos amabat quibus saepe praemia dabat. – 2. Pueri enim fortiter in agris laborabant.

Exercice 3 : (dans l'ordre du texte) descendait, cachait, enveloppait, dissimulait, nous entendions, cherchaient, reconnaissaient, il y en avait.

FICHE 40

Exercice 1 :

Fugio, is, ere, fugi	Pono, is, ere, posui
Fugisti	Posuisti
Fugit	Posuit
Fugimus	Posuimus
Fugerunt	Posuerunt

Sto, as, are, steti	Dico, is, ere, dixi
Stetisti	Dixisti
Stetit	Dixit
Stetimus	Diximus
Steterunt	Dixerunt

Exercice 2 : (dans l'ordre du texte) il parut bon (parfait ; action achevée) ; demeurait (imparfait ; description d'une action dans sa durée) ; réclama et but (parfaits ; actions successives) ; poussent et réveillent (présents de narration).

FICHE 41

Exercice 1

Laboro, as, are : travailler	*Deleo, es, ere* : détruire
Laborabo	Delebo
Laborabis	Delebis
Laborabit	Delebit
Laborabimus	Delebimus
Laborabitis	Delebitis
Laborabunt	Delebunt

Ago, is, ere : faire, mener	*Facio, is, ere* : faire
Agam	Faciam
Ages	Facies
Aget	Faciet
Agemus	Faciemus
Agetis	Facietis
Agent	Facient

Venio, is, ere : venir
Veniam
Venies
Veniet
Veniemus
Venietis
Venient

Exercice 2 : Verbes au présent : mittit (au futur : mittet) ; vides (videbis) ; habemus (habebimus) ; debetis (debebitis) ; fugiunt (fugient).

Verbes au futur : jubebit (au présent : jubet) ; ducemus (ducimus) ; venietis (venitis) ; putabunt (putant).

FICHE 42

Exercice 1 : 1. Tradiderant (ils avaient transmis) – 2. Aspexeram (j'avais regardé) – 3. Pepuleras (tu avais poussé) – 4. Inviderant (elles avaient envié).

Exercice 2 : 1. Ubi eripueram – 2. Postquam tradideras – 3. Cum decreveramus – 4. Ut faverant.

Exercice 3 : (dans l'ordre du texte) contempserat ; praebuerat ; presserat.

FICHE 43

Exercice 1 : 1. Traxerit / traxerint – 2. Statuerit / statuerint – 3. Nesciverit / nesciverint – 4. Doluerit – doluerint – 5. Dilexerit / dilexerint – 6. Existimaverit / existimaverint.

Exercice 2 : 1. *Vicerat* : Le peuple romain louait César qui avait vaincu les Gaulois. – 2. *Didiceris* : Quand tu auras appris la langue grecque, tu seras savant. – 3. *Condiderat* : La maison que le père de famille avait fait construire était petite. – 4. *Vixerint* : Les hommes ne vivront pas toujours comme leurs ancêtres auront vécu.

FICHE 44

Exercice 1 : 1. Audiris – 2. Cogimur – 3. Terremini – 4. Paretur – 5. Habeor – 6. Vetimur.

Exercice 2 : leguntur – continentur – definiuntur – scribitur.

FICHE 45

Exercice 1 : 1. Auditus sum – 2. Accepta es – 3. Electus est – 4. Cupiti eramus – 5. Datae eratis – 6. Visum est.

Exercice 2 : 1. Res judicata a judice est – 2. Milites a principe ducti erant – 3. Parentes a filio curru vecti sunt – 4. Falerno delectaris.

Exercice 3 (dans l'ordre) : accepta est – missus est – pugnatum est.

FICHE 46

Exercice 1 :

	Cogito, as, are, avi, atum : penser
Inf. présent actif	Cogitare
Inf. présent passif	Cogitari
Inf. parfait actif	Cogitavisse
Inf. parfait passif	Cogitatum esse

	Accipio, is, ere, cepi, ceptum : recevoir
Inf. présent actif	Accipere
Inf. présent passif	Accipi
Inf. parfait actif	Accepisse
Inf. parfait passif	Acceptum esse

	Dico, is, ere, dixi, dictum : dire
Inf. présent actif	Dicere
Inf. présent passif	Dici
Inf. parfait actif	Dixisse
Inf. parfait passif	Dictum esse

	Spero, as, are, avi, atum : espérer
Inf. présent actif	Sperare
Inf. présent passif	Sperari
Inf. parfait actif	Speravisse
Inf. parfait passif	Speratum esse

	Statuo, is, ere, statui, statum : décider
Inf. présent actif	Statuere
Inf. présent passif	Statui
Inf. parfait actif	Statuisse
Inf. parfait passif	Statum esse

	Mitto, is, ere, misi, missum : envoyer
Inf. présent actif	Mittere
Inf. présent passif	Mitti
Inf. parfait actif	Misisse
Inf. parfait passif	Missum esse

Exercice 2 : 1. ineptire (infinitif présent actif) ; periise (infinitif parfait actif) : « Pauvre Catulle, cesse de perdre la tête, et ce que tu penses que tu as perdu, considère-le comme perdu. » – 2. habere (infinitif présent actif) ; petere (infinitif présent actif) : « Le chômage les contraignit, eux qui avaient été expulsés de leurs terres, à avoir des demeures précaires ; ils commencèrent à chercher d'autres richesses. »

FICHE 47

Exercice 1 : 1. Je pense que les philosophes sont sages. – 2. Je pense que les philosophes étaient sages. – 3. Il disait que les soldats combattaient avec acharnement. – 4. Il dit que les soldats combattent avec acharnement – 5. Il disait que les soldats avaient combattu avec acharnement.

Exercice 2 : 1. Le vétéran dit : « Te souviens-tu t'être démis le talon en

Espagne ? » – 2. César répondit : « Je me souviens qu'un soldat m'a offert son manteau et m'a donné de l'eau dans son casque ». – 3. Le vétéran dit alors : « Tu peux donc reconnaître ce soldat ou ce casque ? » – 4. César répondit qu'il ne pouvait pas reconnaître le casque mais qu'il pouvait reconnaître le soldat.

Fiche 48

Exercice 1 : 1. Que tu fasses – 2. Qu'il appelle – 3. Que nous donnions – 4. Qu'il ait – 5. Que vous fuyiez – 6. Faciant – 7. Capias – 8. Fugiam – 9. Vocemus – 10. Videas.

Exercice 2 : 1. *pecuniam* : ce n'est pas un verbe au subjonctif présent mais un nom à l'accusatif singulier. – 2. *putem* : ce n'est pas un nom de la 3e déclinaison (Acc. sing.) mais c'est un verbe au subjonctif présent. – 3. *des* : ce n'est pas un nom de la 3e déclinaison (Acc. plur.) mais c'est un verbe au subjonctif présent

Exercice 3 : vivamus : 1re personne du pluriel ; amemus : 1re personne du pluriel ; aestimemus : 1re personne du pluriel ; possit : 3e personne du singulier ; sciat : 3e personne du singulier.

Fiche 49

Exercice 1 :

Videret	Veniret
Viderent	Venirent

Vinceret	Faceret
Vincerent	Facerent

Ageret
Agerent

Exercice 2 : 1. Amarem – 2. Pellam – 3. Amem – 4. Spectares – 5. Jaceret – 6. Trahant – 7. Cuperes – 8. Taceamus – 9. Vivat – 10. Perderetis – 11. Statueres – 12. Teneatis.
Phrase à découvrir : *Alea jacta est.* Le sort en est jeté.

Exercice 3 : 1. Que tu te couvrisses (d) – 2. Que tu touches (e) – 3. Que tu te taises (a) – 4. Que tu soulevasses (c) – 5. Que vous fussiez étendus (f) – 6. que vous jetiez (b).

Fiche 50

Exercice 1 : 1. Putavissemus – 2. Dedisset – 3. Fugissem – 4. Venisses – 5. Que tu eusses envoyé – 6. Qu'il eût cru – 7. Que nous fussions venus – 8. Qu'ils eussent fait.

Exercice 2 :

Ind. présent	Laboro
Subj. présent	Laborem
Subj. imparfait	Laborarem
Subj. plus-que-parfait	Laboravissem

Ind. présent	Scis
Subj. présent	Scias
Subj. imparfait	Scires
Subj. plus-que-parfait	Sciisses

Ind. présent	Videt
Subj. présent	Videat
Subj. imparfait	Videret
Subj. plus-que-parfait	Vidisset

Ind. présent	Oramus
Subj. présent	Oremus
Subj. imparfait	Oraremus
Subj. plus-que-parfait	Oravissemus

Ind. présent	Ponitis
Subj. présent	Ponatis
Subj. imparfait	Poneretis
Subj. plus-que-parfait	Posuissetis

Ind. présent	Cupiunt
Subj. présent	Cupiant
Subj. imparfait	Cuperent
Subj. plus-que-parfait	Cupiissent

Exercice 3 : perlustravisset : subjonctif plus-que-parfait 3e pers. sing. ; sensisset : subjonctif plus-que-parfait 3e pers. sing. ; ferrent : subjonctif imparfait 3e pers. plur. ; mugissent : subjonctif plus-que-parfait 3e pers. plur.

Fiche 51

Exercice 1 : 1. Que je fusse – 2. Nous étions – 3. Ils seront – 4. Ils ont été – 5. Que tu sois – 6. Soyez – 7. Vous êtes – 8. Il avait été – 9. Nous serons.

Exercice 2 :

Prosim	Praefuero
Prosis	Praefueris
Prosit	Praefuerit
Prosimus	Praefuerimus
Prositis	Praefueritis
Prosint	Praefuerint

Oberam	Adfui
Oberas	Adfuisti
Oberat	Adfuit
Oberamus	Adfuimus
Oberatis	Adfuistis
Oberant	Adfuerunt

Abero
Aberis
Aberit
Aberimus
Aberitis
Aberunt

Exercice 3 : 1. Praeerat : Le roi commandait aux soldats. – 2. Afuit : Le père fut éloigné de sa famille. – 3. Proderant : Les esclaves étaient utiles aux maîtres. – 4. Deest : L'argent nous fait défaut.

Fiche 52

Exercice 1 :

Redeat	Redeant
Transierit	Transierint
Abibit	Abibunt
Perierat	Perierant
Adit	Adeunt

Exercice 2 : 1. Subjonctif plus-que-parfait, 3e personne du singulier : qu'il se fût approché. – 2. Impératif présent, 2e personne du singulier : sors. – 3. Indicatif parfait, 3e personne du pluriel : ils allèrent. – 4. Indicatif imparfait, 1re personne du singulier : je m'éloignais. – 5. Indicatif présent, 3e personne du pluriel : ils vont. – 6. Indicatif présent, 2e personne du pluriel : vous vous éloignez. – 7. Subjonctif présent, 3e personne du singulier : qu'il périsse. – 8. Indicatif plus-que-parfait, 3e personne du pluriel : ils étaient revenus. – 9. Indicatif parfait, 2e personne du singulier : tu revins. – 10. Indicatif imparfait, 1re personne du pluriel : nous allions. – 11. Impératif présent, 2e personne du pluriel : revenez.

Exercice 3 : 1. De nombreux soldats quittèrent leur maison mais peu revinrent dans leur patrie. – 2. Le père croit que ses fils sont allés à Rome. – 3. Le chef s'éloigna du camp, traversa le Rhin. – 4. Les peuples reviendront aux mœurs des ancêtres. – 5. Le soldat périt d'une mort cruelle.

Fiche 53

Exercice 1 :

Volebas	Volebant
Voles	Volent
Noluisti	Noluerunt
Nolis	Nolint
Mavis	Malunt
Maluisses	Maluissent

Exercice 2 : 1. Il préfère ; qu'il veuille ; il refusera. – 2. Qu'il refusât ; il aura préféré ; nous voulons. – 3. Mavultis ; velitis ; maluissetis.

Exercice 3 : 1. Exire volo ; Je ne veux pas que tu restes. – 2. Volo te exire ; Volo exeas. – 3. Le père ne veut pas que ses enfants jouent dans le jardin. – 4. Mon esclave préfère dormir plutôt que travailler. – 5. Les hommes préfèrent rechercher l'argent et la gloire que le courage.

Fiche 54

Exercice 1 : 1. Ils expriment l'ordre. – 2. (dans l'ordre du texte) cingite – capite – venite – pellite – tolle – i – concine.

Exercice 2 : 1. Nolite scribere – 2. Veniant – 3. Ne veniant – 4. Verum dicat – 5. Noli timere – 6. Parentes ama – 7. Ne doleamus – 8. Supporte et abstiens-toi.

Fiche 55

Exercice 1 : 1. Il faut employer « ne » au lieu de « ut ». – 2. « Volo » ne se construit pas avec « ut ». – 3. Il faut écrire « audiant » (subjonctif présent) au lieu de « audirent ». – 4. Il faut employer « ut » au lieu de « ne ».

Exercice 2 : « Jam Tarquinii ad Lartem Porsennam, Clusinum regem, perfugerant. Ibi, miscendo consilium precesque, nunc orabant [ne se (...) pateretur,] nunc monebant etiam [ne orientem morem pellendi reges inultum sineret.] »

Fiche 56

Exercice 1 : 1. Per mare Tyrrhenum – 2. E villa sua – 3. In Graeciam – 4. Domo.

Exercice 2 : 1. Nous sommes revenus à Rome – 2. Les soldats étaient sortis du camp – 3. Les soldats traversèrent de Gaule en Italie – 4. Le consul tint ce discours célèbre à la curie.

Exercice 3 (dans l'ordre du texte) : in vincula (en prison) ; in Tiberim (dans le Tibre) ; super ripas (sur les rives) ; in sicco loco (dans un lieu sec) ; ad parvulos (vers les petits enfants) ; in casam (dans sa cabane).

Fiche 57

Exercice 1 : « Creato dictatore primum Romae, [postquam praeferri secures viderunt], magnus plebem metus incessit. »
« Imperator Latinus, [ubi cohortem exsulum a dictatore Romano prope circumventam vidit], ex subsidiariis manipulos aliquot in primam aciem secum rapit. »

Exercice 2 : 1. cum – 2. ut – 3. postquam – 4. dum.

Fiche 58

Exercice 1 : 1. propter multas victorias (Le chef fut célèbre grâce à de nombreuses victoires). – 2. aequitate (Le consul fut détesté par certains à cause de son sens de l'équité). – 3. propter civium multitudinem (Le général ne pouvait facilement s'avancer à cause de la foule des citoyens). –

4. peste (De nombreux citoyens moururent de la peste).

Exercice 2 : 1. Comme les ambassadeurs étaient en Italie, le consul les reçut. – 2. Lorsque les soldats vinrent en Italie, ils virent de nombreux monuments. – 3. « Aebutius, comme il ne pouvait pas tenir son arme de son bras blessé, quitta le combat. » – 4. La crainte de l'ennemi retenait la cité dans de bonnes conduites mais, comme la crainte s'échappait des esprits, l'orgueil apparut.

FICHE 59

Exercice 1 : 1. laudarent (Le consul fut si honnête que tous les citoyens le louèrent). – 2. faciat (Le roi regorge de tant de richesses qu'il fait faire un grand pont en or).

Exercice 2 : 1. non ut odio permotus esse videar. – 2. ut ignoraret maritus – 3. ut non jumenta solum sed elephanti etiam deduci possent.

Exercice 3 : 1. phrase 2 (Mais à présent, quelle vie est la tienne ? Car je vais maintenant te parler de façon à me montrer inspiré non par la haine, comme je le devrais, mais par la pitié, qui ne t'est aucunement due). – 2. phrase 1 (Le fils mourut ; la mère prépara des funérailles pour lui et conduisit le cortège de telle sorte que son mari n'en sût rien). – 3. phrase 3 (La roche, une fois ainsi calcinée par l'incendie, il l'entaille à coups de pic et atténue la pente en y aménageant des lacets d'inclinaison réduite, de façon à pouvoir faire descendre non seulement des bêtes de somme, mais les éléphants).

FICHE 60

Exercice 1 : 1. colant – 2. peterent – 3. veniat – 4. vincerent.

Exercice 2 : 1. Le paysan envoie de nombreux esclaves pour qu'ils cultivent les champs. – 2. Les Carthaginois envoyèrent des sénateurs auprès de Scipion pour qu'ils demandassent la paix. – 3. Cerbère défend l'entrée des Enfers pour qu'aucun mortel n'y entre. – 4. Les Romains simulèrent une fuite pour vaincre les Gaulois.

Exercice 3 : ut cum hoste nondum refecto manus consereret.

FICHE 61

Exercice 1 : 1-9 : potionem – 2-5 : fragilem – 3-6 : nativum – 4-8 : navigare – 7-10 : directum.

Exercice 2 : 1. capitale – 2. équitation – 3. tête – 4. cheval.
1er couple : 1-3 – 2e couple : 2-4.

Exercice 3 : agenda, et caetera, lavabo, incognito, référendum, terminus, visa.

FICHE 62

Exercice 1 : (1) VIe siècle av. J.-C. - (2) les Étrusques.

Exercice 2 : 1. Sur le mont Palatin – 2. sur le Tibre – 3. Au pied du Capitole – 4. Sur le Capitole – 5. Sur le Forum.

Exercice 3 (dans l'ordre du texte) : l'enceinte de Servius Tullius – les sept collines – mont Palatin – Capitole – le temple de Jupiter – le forum.

FICHE 63

Exercice 1 : Elissa commandait l'Afrique. Après la guerre de Troie, Énée navigua sur la mer. Il voulait fonder une nouvelle patrie. Or, lorsqu'il vint en Afrique, il aima Elissa et resta avec elle. Mais sur l'ordre des dieux il dut fuir l'Afrique et Elissa se tua par amour.

Exercice 2 : 4 – 2 – 3 – 1.

FICHE 64

Exercice 1 : 1. il est le fondateur de Rome en 753 av. J.-C. – 2. c'est un roi pieux – 3. il mène la guerre contre Albe – 4. il construit le pont Sublicius – 5. C'est le premier roi étrusque – 6. il a construit l'enceinte de la ville – 7. c'est un roi violent et cruel.

Exercice 2 : 1. Numa Pompilius, Ancus Martius – 2. Romulus, Tullius Hostilius – 3. Tarquin l'ancien, Servius Tullius, Tarquin le superbe.

Exercice 3 : 1. Tarquin l'Ancien – 2. Romulus – 3. Tullius Hostilius.

FICHE 65

Exercice 1 : 1. Junon – 2. Neptune – 3. Vénus – 4. Apollon – 5. Mercure – 6. Cérès – 7. Vulcain – 8. Diane – 9. Minerve – 10. Jupiter – 11. Vesta – 12. Mars.

Exercice 2 : Zeus : foudre ; Apollon : lyre ; Dionysos : vigne ; Athéna : chouette.

Exercice 3 : 1. Hercule – 2. Jupiter (Zeus) – 3. Ulysse – 4. Junon (Héra) – 5. Vulcain – 6. Minerve – 7. Dionysos – 8. Cerbère.

FICHE 66

Exercice 1 (dans l'ordre du texte) : statues ; temples ; sacrifices ; animaux ; prêtre ; public ; victime ; libation ; entrailles ; prédire.

Exercice 2 : le dieu Lare.

Exercice 3 : 1. Enfers – 2. présages.

FICHE 67

Exercice 1 : 1. tabernae – 3. atrium – 4. compluvium – 6. tablinum – 8. péristyle – 9. cubiculum.

Exercice 2 : 1. Juvénal parle des *insulae* ; il leur reproche leur manque de solidité et le manque d'entretien des logements par les propriétaires. Les *insulae* sont par exemple très menacées par le feu.

2. Pline évoque une *domus.* Cette *domus* reflète une certaine richesse : nombre de pièces, architecture recherchée.

FICHE 68

Exercice 1 : 1. juvénile – 2. puéricultrice – 3. sénile – 4. seigneur.

Exercice 2 (dans l'ordre du texte) : son fils ; chevaux ; n'as-tu jamais rien fait ; ton père ; N'as-tu rien fait ? ; Ne fais-tu pas ce que ton fils ; le père ; le fils.

Exercice 3 : 1. Pline s'adresse à un ami : « en raison de notre affection réciproque » – 2. Il lui raconte cette anecdote car son ami doit vraisemblablement se montrer sévère avec son fils ; ainsi, de façon détournée et amicale, Pline lui donne un conseil.

FICHE 69

Exercice 1 : 1. Bénédicte – 2. Florent, Florence – 3. Carine – 4. Clément – 5. Marguerite – 6. Laëtitia.

Exercice 2 : 1. Publius (Ovide) – 2. Caius (Pétrone) – 3. Lucius (Sénèque) – 4. Titus (Plaute).

Exercice 3 (dans l'ordre du texte) : Tullius ; Terentia, Tullia, Cicéron ; vous écris ; lis vos lettres ; ma petite Tullia ; mon cher Cicéron.

▌FICHE 70

Exercice 1 : 1. Burdigala – 2. Tolosa – 3. Nemausus – 4 Narbo Martius – 5. Massilia – 6. Vienna – 7. Arausio – 8. Lugdunum.

Exercice 2 : 1. La Gaule est divisée en trois parties. – 2. L'une est habitée par les Belges, l'autre par les Aquitains, la troisième par les Celtes. – 3. Les Celtes et les Gaulois sont les deux appellations d'une même tribu ; le premier nom est celui qu'utilise le peuple pour se désigner, le deuxième est l'appellation choisie par les Romains pour désigner ce peuple. – 4. Les Germains vivent de l'autre côté du Rhin. – 5. (dans l'ordre du texte) L'ensemble de la Gaule est divisé en trois parties, dont une est habitée par les Belges, l'autre par les Aquitains ; ils se différencient entre eux par leur langue, leurs habitudes, leurs lois.

▌FICHE 71

Exercice 1 : 1. cheval – 2. mouton – 3. cerf – 4. cigogne – 5. grenouille – 6. lion – 7. bœuf – 8. loup – 9. oiseau.

Exercice 2 : 1. aviculteur – 2. équestre – 3. ovin – 4. canine – 5. rainette – 6. léonin – 7. race bovine.

▌FICHE 72

Exercice 1 : 1. Se battre tout seul contre les Gaulois ; exhorter ses compagnons à combattre – 2. Se battre tout seul contre les troupes de Porsenna ; se jeter dans le Tibre – 3. Traverser le Tibre à la nage ; sauver des femmes et des enfants otages – 4. Brûler sa main droite ; tuer le secrétaire.

Exercice 2 (dans l'ordre du texte) : Gallos – occidit – dictator- triumphans – parens – patriae.

▌FICHE 73

Exercice 1 : 1. L'amicitia – 2. Le veto – 3. Les licteurs – 4. L'imperium – 5. Les consuls – 6. Le cursus honorum – 7. Le questeur.

Exercice 2 (dans l'ordre du texte) : patientia nostra ; furor iste tuus ; audacia ; mores ; consul ; senatum.

Exercice 3 : 1. consulat – 2. sénat – 3. comices.

▌FICHE 74

Exercice 1 : 1. Les Gaulois attaquent « par une nuit faiblement éclairée », pour ne pas être repérés. Ils envoient de plus un sentinelle et se montrent très organisés à l'arrière (circulation des armes). Ils sont assez discrets pour n'ameuter ni les gardes ni les chiens. – 2. Les Romains n'ont pas mangé ces oies car elles étaient consacrées à la déesse Junon ; ce geste pieux leur a sauvé la vie. – 3. Manlius est un héros romain qui fait preuve ici d'esprit d'initiative et de courage.

Exercice 2 : « Au nom des dieux, que voulez-vous ? Vous avez désiré des tribuns de la plèbe ; nous avons accepté pour la paix entre nous. Vous avez souhaité des décemvirs, nous avons supporté qu'ils soient créés. »

▌FICHE 75

Exercice 1 : 1. élu consul face à Catilina – 2. défenseur d'une loi agraire – 3. victoire à Actium – 4. élu consul en 107 av. J.-C.

Exercice 2 : Traduction : « excepté l'ancienneté de sa famille : l'énergie, l'honnêteté, une grande science de l'art militaire, avide de gloire, du peuple le tribunat militaire. »

1. Les qualités de Marius sont à la fois morales et militaires : expérience, courage et gloire d'un valeureux guerrier, honnêteté d'un citoyen digne.

2. Son seul défaut est d'ordre social : absence de naissance. Cela, opposé à toutes les qualités précédemment citées, semble injuste.

3. Cette injustice est montrée par Salluste grâce à un jeu d'opposition dans le texte. L'écrivain commente ce qu'il écrit : il avait d'ailleurs toutes les qualités.

Fiche 76

Exercice : 1. Les deux portraits montrent chez Cicéron constance et fermeté. – 2. Cicéron se dépeint comme un homme fidèle à ses engagements et à ses principes, défenseur de la liberté. Sénèque, qui analyse le personnage un siècle plus tard et bénéficie donc d'un recul que n'a pas Cicéron, voit en la fermeté de l'orateur une passivité qui lui sera fatale. – 3. Sénèque emploie d'ailleurs une métaphore maritime (« ballotté », « jouet des flots » – 4. Le naufrage est à la fois celui de Cicéron et celui de la République. Cicéron n'est pas un sage parce qu'il se laisse rattraper par ses passions.

Fiche 77

Exercice 1 : Patron avec deux clients ; maîtresse de maison avec une servante ; deux esclaves.

Exercice 2 : 1. un esclave – 2. un esclave – 3. un maître.

Exercice 3 : Le maître doit traiter ses esclaves comme des êtres humains dans un souci de justice.

Fiche 78

Exercice 1 : 1. ludique – 2. ludothèque – 3. magistral – 4. magistère – 5. grammairien – 6. grammatical.

Exercice 2 : 1. Vocabulaire montrant la sévérité des parents : « imposez, il faut que ». – 2. Juvénal dénonce dans cet extrait les demandes excessives formulées par les parents à l'égard des maîtres. – 3. À la fin du passage, l'auteur emploie le style direct, ce qui rend la critique plus vivante et encore plus forte.

Fiche 79

Exercice 1 : 5 – 1 – 4 – 6 – 3 – 7 – 2.

Exercice 2 : 1. les thermes – 2. les affaires au forum – 3. le banquet du soir.

Fiche 80

Exercice 1 : Hippodrome ; amphithéâtre ; théâtre.

Exercice 2 : 1. client, conducteur de char – 2. conducteur de char.

Exercice 3 : Ce texte fait référence à des exercices de gymnastique, aux massages et aux bains.

Fiche 81

Exercice 1 : Il ne travaille pas pour gagner sa vie mais vit aux crochets de gens riches.

Exercice 2 : 1. Un banquier qui prête de l'argent – 2. Un ouvrier qui piétine les tissus pour les raffermir – 3. Le propriétaire d'un établissement qui sert à boire du vin – 4. Celui qui travaille le cuir – 5. Un fabricant des mosaïques qui recouvrent le sol des maisons – 6. Un artisan qui travaille les métaux précieux.

Exercice 3 : 1B – 2D – 3A – 4C.

Fiche 82

Exercice : Hannibal ; Hamilcar, chef des Carthaginois et Hannibal son fils ; Hannibal et ses hommes ; suicide d'Hannibal ; serment de vengeance demandé par le père à son fils après une première défaite contre les Romains ; traversée des Alpes.

Fiche 83

Exercice 1 : Dans l'ordre du tableau : statuere, scire, dicere, pugnare, venire, dormire, vincere, ce qui laisse apparaître le nom de SCIPION.

Exercice 2 : 1c – 2a – 3a – 4a.

Fiche 84

Exercice 1 : 1. « ô gloire du peuple grec » – « père ». 2. Épicure est le père, le fondateur de la pensée pour Lucrèce.

Exercice 2 : 1. Auteur du texte qui fait office de serment pour les médecins – 2. Auteur de la démonstration de l'égalité des angles opposés par le sommet dans un triangle – 3. Fondateur de l'école de mathématiques d'Alexandrie – 4. Inventeur de la table de multiplication – 5. Principe de l'hydrostatique.

Fiche 85

Exercice 1 : « l'une est celle des druides, l'autre celle des chevaliers ; de religion ; sacrifices publics et privés ; affaires religieuses ; celle des chevaliers ; ceux-ci ; une guerre ; clients.

Exercice 2 : 1. Les Gaulois sont inventifs et combatifs. – 2. Ils ne sont pas des ennemis faciles à vaincre car ils sont intelligents. – 3. En mettant en avant les qualités des Gaulois, qui sont tout de même vaincus par les Romains, César ne fait que glorifier les Romains, capables de vaincre de tels ennemis.

Exercice 3 : « Un grand nombre de soldats est pris et tué ; les autres se dispersent dans les cités en fuyant. Le jour suivant, Vercingétorix, après avoir convoqué une assemblée ; liberté de tous. Des ambassadeurs sont envoyés vers César à ce sujet. Vercingétorix se rend, les armes sont jetées (aux pieds de César). »

TABLEAUX DES DÉCLINAISONS

A) La déclinaison des noms

1re déclinaison

	Singulier	*Pluriel*
N.	Vita	Vitae
V.	Vita	Vitae
Acc.	Vitam	Vitas
G.	Vitae	Vitarum
D.	Vitae	Vitis
Abl.	Vita	Vitis

2e déclinaison

	Masculin / Féminin		Neutre	
	Singulier	*Pluriel*	*Singulier*	*Pluriel*
N.	Dominus	Domini	Bellum	Bella
V.	Domine	Domini	Bellum	Bella
Acc.	Dominum	Dominos	Bellum	Bella
G.	Domini	Dominorum	Belli	Bellorum
D.	Domino	Dominis	Bello	Bellis
Abl.	Domino	Dominis	Bello	Bellis

3e déclinaison

	M./F.	M./F.	Neutre	Neutre	M./F.	M./F.	Neutre	Neutre
	Singulier	*Pluriel*	*Singulier*	*Pluriel*	*Singulier*	*Pluriel*	*Singulier*	*Pluriel*
N.	Rex	Reges	Corpus	Corpora	Civis	Cives	Mare	Maria
V.	Rex	Reges	Corpus	Corpora	Civis	Cives	Mare	Maria
Acc.	Regem	Reges	Corpus	Corpora	Civem	Cives	Mare	Maria
G.	Regis	Regum	Corporis	Corporum	Civis	Civium	Maris	Marium
D.	Regi	Regibus	Corpori	Corporibus	Civi	Civibus	Mari	Maribus
Abl.	Rege	Regibus	Corpore	Corporibus	Cive	Civibus	Mari	Maribus

B) La déclinaison des adjectifs qualificatifs

Adjectifs qualificatifs de la 1re classe

	M. sing.	M. plur.	F. sing.	F. plur.	Neutre sing.	Neutre plur.
N .	Bonus	Boni	Bona	Bonae	Bonum	Bona
V.	Bone	Boni	Bona	Bonae	Bonum	Bona
Acc.	Bonum	Bonos	Bonam	Bonas	Bonum	Bona
G.	Boni	Bonorum	Bonae	Bonarum	Boni	Bonorum
D.	Bono	Bonis	Bonae	Bonis	Bono	Bonis
Abl.	Bono	Bonis	Bona	Bonis	Bono	Bonis

Adjectifs qualitatifs de la 2e classe

	Vetus, eris : vieux			
	M. / F.	**M. / F.**	**Neutre**	**Neutre**
	Singulier	*Pluriel*	*Singulier*	*Pluriel*
N.	Vetus	Veteres	Vetus	Vetera
V.	Vetus	Veteres	Vetus	Vetera
Acc.	Veterem	Veteres	Vetus	Vetera
G.	Veteris	Veterum	Veteris	Veterum
D.	Veteri	Veteribus	Veteri	Veteribus
Abl.	Vetere	Veteribus	Vetere	Veteribus

	Omnis, e : tout, chaque			
	M. / F.	**M. / F.**	**Neutre**	**Neutre**
	Singulier	*Pluriel*	*Singulier*	*Pluriel*
N.	Omnis	Omnes	Omne	Omnia
V.	Omnis	Omnes	Omne	Omnia
Acc.	Omnem	Omnes	Omne	Omnia
G.	Omnis	Omnium	Omnis	Omnium
D.	Omni	Omnibus	Omni	Omnibus
Abl.	Omni	Omnibus	Omni	Omnibus

	Ingens, ingentis : énorme, immense			
	M. / F.	**M. / F.**	**Neutre**	**Neutre**
	Singulier	*Pluriel*	*Singulier*	*Pluriel*
N.	Ingens	Igentes	Ingens	Ingentia
V.	Ingens	Ingentes	Ingens	Ingentia
Acc.	Ingentem	Ingentes	Ingens	Ingentia
G.	Ingentis	Ingentium	Ingentis	Ingentium
D.	Ingenti	Ingentibus	Ingenti	Ingentibus
Abl.	Ingenti/ingente	Ingentibus	Ingenti	Ingentibus

C) LA DÉCLINAISON DES PRONOMS-ADJECTIFS

Les pronoms personnels

	1re pers. sing.	2e pers. sing.	3e pers. sing.	1re pers. plur.	2e pers. plur.	3e pers. plur.
N .	Ego	Tu		Nos	Vos	
V.	Ego	Tu		Nos	Vos	
Acc.	Me	Te	Se	Nos	Vos	Se
G.	Mei	Tui	Sui	Nostrum	Vestrum	Sui
D.	Mihi	Tibi	Sibi	Nobis	Vobis	Sibi
Abl.	Me	Te	Se	Nobis	Vobis	Se

Le pronom-adjectif de rappel

	M. sing.	M. plur.	F. sing.	F. plur.	Neutre sing.	Neutre plur.
N .	Is	Ei	Ea	Eae	Id	Ea
V.	Is	Ei	Ea	Eae	Id	Ea
Acc.	Eum	Eos	Eam	Eas	Id	Ea
G.	Ejus	Eorum	Ejus	Earum	Ejus	Eorum
D.	Ei	Eis ou iis	Ei	Eis ou iis	Ei	Eis
Abl.	Eo	Eis ou iis	Ea	Eis ou iis	Eo	Eis

Le pronom relatif

	M. sing.	M. plur.	F. sing.	F. plur.	Neutre sing.	Neutre plur.
N .	Qui	Qui	Quae	Quae	Quod	Quae
V.	Qui	Qui	Quae	Quae	Quod	Quae
Acc.	Quem	Quos	Quam	Quas	Quod	Quae
G.	Cujus	Quorum	Cujus	Quarum	Cujus	Quorum
D.	Cui	Quibus	Quae	Quibus	Cui	Quibus
Abl.	Quo	Quibus	Qua	Quibus	Quo	Quibus

Les pronoms-adjectifs démonstratifs

	M. sing.	M. plur.	F. sing.	F. plur.	Neutre sing.	Neutre plur.
N .	Iste	Isti	Ista	Istae	Istud	Ista
V.	Iste	Isti	Ista	Istae	Istud	Ista
Acc.	Istum	Istos	Istam	Istas	Istud	Ista
G.	Istius	Istorum	Istius	Istarum	Istius	Istorum
D.	Isti	Istis	Isti	Istis	Isti	Istis
Abl.	Isti	Istis	Ista	Istis	Isti	Istis

	M. sing.	M. plur.	F. sing.	F. plur.	Neutre sing.	Neutre plur.
N .	Hic	Hi	Haec	Hae	Hoc	Haec
V.	Hic	Hi	Haec	Hae	Hoc	Haec
Acc.	Hunc	Hos	Hanc	Has	Hoc	Haec
G.	Hujus	Horum	Hujus	Harum	Hujus	Horum
D.	Huic	His	Huic	His	Huic	His
Abl.	Hoc	His	Hac	His	Hoc	His

	M. sing.	M. plur.	F. sing.	F. plur.	Neutre sing.	Neutre plur.
N .	Ille	Illi	Illa	Illae	Illud	Illa
V.	Ille	Illi	Illa	Illae	Illud	Illa
Acc.	Illum	Illos	Illam	Illas	Illud	Illa
G.	Illius	Illorum	Illius	Illarum	Illius	Illorum
D.	Illi	Illis	Illi	Illis	Illi	Illis
Abl.	Illo	Illis	Illa	Illis	Illo	Illis

TABLEAUX DES CONJUGAISONS

Modèles de conjugaisons à la voix active

A) 1re CONJUGAISON

	INFECTUM			PERFECTUM		
	Présent	**Imparfait**	**Futur**	**Parfait**	**Plus-que-parfait**	**Futur antérieur**
Indicatif	Voco Vocas Vocat Vocamus Vocatis Vocant	Vocabam Vocabas Vocabat Vocacabamus Vocabatis Vocabant	Vocabo Vocabis Vocabit Vocabimus Vocabitis Vocabunt	Vocavi Vocavisti Vocavit Vocavimus Vocavistis Vocaverunt	Vocaveram Vocaveras Vocaverat Vocaveramus Vocaveratis Vocaverant	Vocavero Vocaveris Vocaverit Vocaverimus Vocaveritis Vocaverint
Subjonctif	Vocem Voces Vocet Vocemus Vocetis Vocent	Vocarem Vocares Vocaret Vocaremus Vocaretis Vocarent		Vocaverim Vocaveris Vocaverit Vocaverimus Vocaveritis Vocaverint	Vocavissem Vocavisses Vocavisset Vocavissemus Vocavissetis Vocavissent	
Impératif : voca – vocate				**Supin** : vocatum		
Infinitif présent : vocare – parfait : vocavisse				**Participe présent** : vocans, vocantis		

B) 2e CONJUGAISON

	INFECTUM			PERFECTUM		
	Présent	Imparfait	Futur	Parfait	Plus-que-parfait	Futur antérieur
Indicatif	Habeo Habes Habet Habemus Habetis Habent	Habebam Habebas Habebat Habebamus Habebatis Habebant	Habebo Habebis Habebit Habebimus Habebitus Habebunt	Habui Habuisti Habuit Habuimus Habuistis Habuerunt	Habueram Habueras Habuerat Habueramus Habueratis Habuerant	Habuero Habueris Habuerit Habuerimus Habueritis Habuerint
Subjonctif	Habeam Habeas Habeat Habeamus Habeatis Habeant	Haberem Haberes Haberet Haberemus Haberetis Haberent		Habuerim Habueris Habuerit Habuerimus Habueritis Habuerint	Habuissem Habuisses Habuisset Habuissemus Habuissetis Habuissent	
Impératif : habe – habete				**Supin** : habitum		
Infinitif présent : habare – parfait : habuisse				**Participe présent** : habens, habentis		

C) 3e CONJUGAISON

3e conjugaison

	INFECTUM			PERFECTUM		
	Présent	**Imparfait**	**Futur**	**Parfait**	**Plus-que-parfait**	**Futur antérieur**
Indicatif	Dico	Dicebam	Dicam	Dixi	Dixeram	Dixero
	Dicis	Dicebas	Dices	Dixisti	Dixeras	Dixeris
	Dicit	Dicebat	Dicet	Dixit	Dixerat	Dixerit
	Dicimus	Dicebamus	Dicemus	Diximus	Dixeramus	Dixerimus
	Dicitis	Dicebatis	Dicetis	Dixistis	Dixeratis	Dixeritis
	Dicunt	Dicebant	Dicent	Dixerunt	Dixerant	Dixerint
Subjonctif	Dicam	Dicerem		Dixerim	Dixissem	
	Dicas	Diceres		Dixeris	Dixisses	
	Dicat	Diceret		Dixerit	Dixisset	
	Dicamus	Diceremus		Dixerimus	Dixissemus	
	Dicatis	Diceretis		Dixeritis	Dixissetis	
	Dicant	Dicerent		Dixerint	Dixissent	
Impératif : dic – dicite				**Supin** : dictum		
Infinitif présent : dicere – parfait : dixisse				**Participe présent** : dicens, dicentis		

3e conjugaison mixte

	INFECTUM			PERFECTUM		
	Présent	**Imparfait**	**Futur**	**Parfait**	**Plus-que-parfait**	**Futur antérieur**
Indicatif	Capio	Capiebam	Capiam	Cepi	Ceperam	Cepero
	Capis	Capiebas	Capies	Cepisti	Ceperas	Ceperis
	Capit	Capiebat	Capiet	Cepit	Ceperat	Ceperit
	Capimus	Capiebamus	Capiemus	Cepimus	Ceperamus	Ceperimus
	Capitis	Capiebatis	Capietis	Cepistis	Ceperatis	Ceperitis
	Capiunt	Capiebant	Capient	Ceperunt	Ceperant	Ceperint
Subjonctif	Capiam	Caperem		Ceperim	Cepissem	
	Capias	Caperes		Ceperis	Cepisses	
	Capiat	Caperet		Ceperit	Cepisset	
	Capiamus	Caperemus		Ceperimus	Cepissemus	
	Capiatis	Caperetis		Ceperitis	Cepissetis	
	Capiant	Caperent		Ceperint	Cepissent	
Impératif : cape – capite				**Supin** : captum		
Infinitif présent : capere – parfait : cepisse				**Participe présent** : capiens, capientis		

D) 4e CONJUGAISON

	INFECTUM			PERFECTUM		
	Présent	**Imparfait**	**Futur**	**Parfait**	**Plus-que-parfait**	**Futur antérieur**
Indicatif	Audio Audis Audit Audimus Auditis Audiunt	Audiebam Audiebas Audiebat Audiebamus Audiebatis Audiebant	Audiam Audies Audiet Audiemus Audietis Audient	Audi/audii Audivisti Audivit Audivimus Audivistis Audiverunt	Audiveram Audiveras Audiverat Audiveramus Audiveratis Audiverant	Audivero Audiveris Audiverit Audiverimus Audiveritis Audiverint
Subjonctif	Audiam Aidias Audiat Audiamus Audiatis Audiant	Audirem Audires Audiret Audiremus Audiretis Audirent		Audiverim Audiveris Audiverit Audiverimus Audiveritis Audiverint	Audivissem Audivisses Audivisset Audivissemus Audivissetis Audivissent	
Impératif : audi – audite				**Supin** : auditum		
Infinitif présent : audire – parfait : audivisse				**Participe présent** : audiens, audientis		